# 物理学者が解き明かす

# 思考の整理法

METHODOLOGY

理学博士
兵庫県立大学理学部准教授

下條竜夫

ビジネス社

# はじめに

２０１６年の１月に『物理学者が解き明かす重大事件の真相』という本を出版した。福島原子力発電事故や地球温暖化問題などの重要事件、重要問題について、私の忌憚《きたん》のない見方を文章にして本にしたものだ。

正直、この本を出す前は、不安だった。まず、こんな小難しい本を読んでくれる人がいるのかが心配だった。また、私の専門でない技術分野について言及することが多かったのも不安のひとつだった。自分の専門分野以外に口を出すことは、理科系の研究者ではタブーに近い。

ところが、予想に反して、多くの人からお褒《ほ》めの言葉をもらった。様々な人からメールや手紙をいただいたが、ほとんどは好意的な意見であった。同じ大学の先生たちからも、いたく褒められた。毒物の専門家であるコロラド大学のA. T. Tu先生は、この本を読んで、わざわざ私に会いに来てくれた。びっくりするぐらい好評だった。

皆さん、本当にどうもありがとうございました。

ただ、私の研究室の学生たちだけは、この本をバカにしていた。「下條先生、こんな本だしてるよ、おもしれえなあ」「下條先生、小保方晴子《おぼかたはるこ》が天才とか書いてる、笑える、わはははは」とか言っていたそうだ。まあ、そんなものかなあと思う。

この本は、その『物理学者が解き明かす重大事件の真相』に続く、第二弾である。

前回は、様々な事件とその背景を理科系の視点から見て解説した。マスコミが伝える事件の顛末《てんまつ》ではなく、「実際はこうだろう」という、自分の思考に基づいた事件の原因と背景を描いた。今回も同様な形で、哲学、古代史、経済学、文章の書き方など、文科系の学問を『理科系から見た文科系』という視点で書いた。

本文で取り上げた『理科系の作文技術』という本の次に、大学の生協で売れているのが外山滋比古著『思考の整理学』という本だ。いかに思考すれば新しいアイデアが生まれるかをエッセイの形で説明した本である。今の若い人たちにとっては、「どういう方法で思考すればいいのか、どうやれば新しい考えを生み出すことができるのか」ということが重要らしい。

しかし、残念ながら、『思考の整理学』という本には実例がない。だから、どういうテーマをどのように考えればいいのか、実感がわかない。

そこで、よかったら、この本を『思考の整理学』の実例集として参考にして下さい。この本で取り上げたテーマは私の専門ではない。専門家に比べ、私の知識は圧倒的に不足している。少ない知識から、どうやって思考して整理して簡潔な主張に持って行くか、それが勝負である。いかに思考すればいいかの参考例としては最適だ。

しかし、この本の中には、専門家の方からみれば、「ここは完全に勘違いしているなあ」というのがあるだろう。その時は gejo@sci.u-hyogo.ac.jp までメールを下さい。必ず、ご返事差し上げます。

副島隆彦先生には、企画からずっと本当にお世話になりました。ここに謝意を表します。また、ビジネス社の岩谷健一さんにもお世話になりました。ここに御礼申し上げます。

下條竜夫

2017年1月

物理学者が解き明かす思考の整理法　目次

## 第4章 金融工学とはどういう学問か——93

### なぜ儲けることができるのか



## 第5章 現代物理学は本当に正しいのか？——115

### 副島隆彦氏との対談

## 第6章　STAP事件の真実——147

### なぜ小保方晴子著『あの日』は陰謀論と呼ばれたか



## 第7章　AIとは何か——175

### 経験は知恵に勝る

## 第8章　なぜ日本人は論理的な文章が書けないのか？——193

### 論理とはことばとことばの連結である

# 第1章

# なぜ日本人は哲学がわからないのか

――「哲学」とはアリストテレス哲学のことである

西洋哲学を勉強していると、よくわからない格言がたくさんでてくる。どうして重要なのか、さっぱりわからないといってもいい。

たとえば「我思う、故に我有り」という格言がある。ルネ・デカルト（René Descartes　1596〜1650）の有名な言葉だ。『方法序説』という本の中にでてくる。歴史や哲学の本を読むと、近代（モダーン modern）は、この言葉から始まるとされている。

しかし、この一節は『方法序説』という本の中の神の存在証明のために書かれた文章の一節である。なぜ、そんなに重要なのかは我々日本人にはさっぱりわからない。

他にも、「無知の知」（ソクラテス、前著『物理学者が解き明かす重大事件の真相』の中で説明した）、「人間は考える葦《あし》である」（ブレーズ・パスカル）、「神は死んだ」（フリードリッヒ・ニーチェ）など、なんとなくわかるが、「よく考えると意味不明」というような有名な格言がたくさんある。

この章では、これらの格言がどういう意味を持っているかを理解するため、私個人が発見した西洋哲学の大きな流れをここに記しておく。この流れの中に、これらの格言をあてはめていくことで、その意味をはっきり理解することができる。

## プラトンとアリストテレス

『アテナイの学堂』という名画がある。ラファエロが1510年ごろにバチカン宮殿「署名の間」の壁面に書いた絵である。絵の中には、多くのギリシャ時代の学者が描かれている。また、ギリシャ哲学者だけでなく、この章で出てくるイスラム哲学者アベロエスと女哲学者ヒュパティア、また、ラファエロ自身も描かれている。

この絵の中心に、プラトン（Plato　紀元前427〜紀元前347）とアリストテレス（Aristotle　紀元前384〜紀元前322）が、二人仲よく歩く姿がある（P15の図を参照）。そこでは、プラトンは上を指さし、アリストテレスは手のひらを下に向けている。これは二人の思想が大きく異なることを表現している。

プラトンはイデア論で有名だ。彼は、「我々が現在いるこの世界は、苦悩に満ちた『非実存』の世界であり、その彼方に、より善でより真なる世界イデアが実在する」と述べた。つまり我々の世界はウソの世界であり、本当の世界が別にあると述べたのだ。天を指しているプラトンの指がそのイデアをあらわしている。

しかし、アリストテレスは、プラトンの理想の別世界イデアを否定した。我々人間は、自分の目の前にある世界以外の世界を、いかに見つけようとしてもできない。我々人間の居場所はここ以外にはない。だから、この目の前にある世界、この現実の世界こそが真の世界である。これがアリストテレスの考えだった。だから、絵の中のアリストテレスの手のひらはこの現実世界を表現している。

プラトンは「イデアという理想の（ideal）世界が真の世界だ、この世界は夢の中のような世界だ」と述べたわけだ。これに対して、アリストテレスは「感覚できる（sensible）この世界こそが真の世界だ」といった。

このとき、世界の思想は2つに分かれた。本当に2つに分裂した。以来、この思想の分裂が、様々な思想闘争を引き起こしている。たとえば、ヨーロッパで14世紀の神学論争である普遍論争（universalienstreit）というのがそれに当たる。イデアリスト（観念論者、観念が「実在」するので実在論 realism とも呼ばれる）とノミナリスト（唯名論者、個物派）との間で繰り広げられた論争である。イデアリストは、「この世界には普遍的なもの（観念や理論、イデア）が存在する」と、強く主張した。これはプラトンの思想そのものだ。それに対し、ノミナリストは「実在するのは個物だけである。すなわち、ものは、ただ個々のものとしてあるだけで、観念は『唯の名前』にすぎない」と主張した。これは、アリストテレスの思想である。

また、「理想主義（idealism）」と「現実主義（realism）」という言葉が現代の政治学で使われる。実は、理想主義といえばプラトンの思想の系譜になる。一方、現実主義（realism）とはアリストテレスの思想である（実在論 realism と同じ英語なので混乱するが、逆にアリストテレスの思想に属する）。政治学で語られるこれらの言葉は、この二人のギリシャ哲学者の深い影響を受けているわけだ。

図１－１：『アテナイの学堂』の一部。左がプラトンで、右がアリストテレス。プラトンは上を指さし、アリストテレスは手のひらを下に向けている。これはそれぞれ、プラトンのイデア論（theory of Forms）とアリストテレスの経験論（empiricism）をあらわしているといわれる。（バチカン宮殿所蔵）

## 哲学を信じて虐殺された女哲学者ヒュパティア

日本ではプラトンの思想が取り上げられることが多い。しかし、本当はアリストテレスこそが西洋哲学の最重要人物である。

たとえば、普通「哲学」と言えば、すべての哲学者がつくった様々な分野を、我々はイメージする。しかし、中世の「哲学」とは、本当は、「アリストテレス哲学」であり、「哲学を信じる」とは「アリストテレス哲学を信じる」という意味である。特にイスラム哲学では、新プラトン主義（ネオプラトニズム）という形をとりながら、基本のところはすべてアリストテレスの思想であった。アラビア語で、このイスラム哲学を「ファルサファ（falsafah）」と言う。

しかし、**このアリストテレスの哲学は、中世においては危険思想だった。このことがものすごく重要だ。**

これは『アレクサンドリア』（アレハンドロ・アメナーバル監督、２００９年）という映画をみるとよくわかる。ヒュパティアという新プラトン派の女性哲学者（３７０頃～４１５）が、キュリロスというアレクサンドリア司教と対立し、キリスト教徒の集団に惨殺されるという映画だ。「レディ・フィロソファの殺人」として知られる歴史事実に基づいた映画である。

この映画の中で、主人公のヒュパティアが、キリスト教徒から「神を信じないのか？」という質問を投げかけられる場面がある。映画の一番重要な場面だ。

これに対してヒュパティアは、「私は哲学を信じる」と答えた。

この会話はどう考えても日本語では変だ。「神を信じないのか？」だから、「信じる」か「信じない」と答えるはずだ。ヒュパティアは、「私は哲学を信じる」と答えた。つまり、哲学には神を信じないというニュアンスが入っていることになる。

実は、「哲学を信じる」ということは「アリストテレス哲学を信じる」ということであり、それは、「キリスト教の神＝一神教の神を信じない」という意味を含んでいる。このことを詳細に

映画『アレクサンドリア』（DVDジャケット）。アレクサンドリアという邦題になっているが、英語の題名は「アゴラ」。哲学を議論した広場のことである。

説明するために、キリスト教とアリストテレス哲学の基本的な考え方の違いを書いておこう。

西暦に入りキリスト教の時代になる。初期のキリスト教の時代にはアリストテレスの思想とプラトンの思想のどちらが、キリスト教に適しているかの見解は定まっていなかった。

しかし、アウグスティヌス（Augustinus　354～430）はプラトンの世界観を積極的に取り入れた。『神の国』という本で、プラトンの思想をキリスト教に導入した。キリスト教では「この世界は苦悩に満ちており、死後に行く天国が存在する」ということになっている。これは、まさに先ほど述べたプラトンの思想である。そして、聖書の中では、神はあたかも絶対君主として思いのままに行動する。

ところが、アリストテレスの神は、これとは真逆である。このアリストテレスの神は、『形而《けいじ》上学《じょうがく》』という本に出てくる。この神は、天体あるいは天球を動かした「第一（最初）の動者（first mover）」あるいは「不動の動者（unmovable mover）」であり、地上のことなど気にも留めない。

つまり、アリストテレスの神は地上にいない。永遠に存在する宇宙に住み続ける居住者であり、宇宙を構成する要素の一つだ。ただ存在することによって、自らの役割を果たしている。これを、「神は自己を思惟《しい》する思性である」という。

**だから、アリストテレスの神は我々の生活とは無縁な存在だ。聖書の神とはまったくちがう。**

**この現実の世界は、神の介入を受けることなく自律しているのである。**

さらに、アリストテレス哲学には、「合理的な思考、人間の思考力によって、この世界の仕組みすべてを解明できる」という強い信念がある。以下、リチャード・E・ルーベンスタイン著『中世の覚醒《かくせい》』（小沢千重子訳、紀伊國屋書店、２００８年）から、アリストテレスの思想について述べた部分を引用する。

**秩序を構成する諸原理が人間の精神の内にだけでなく、「精神の外」にも存在する。人間は第一に思索する動物であり、合理的な存在である。**人間は真理を発見し、それを受け入れる。ひとたび真理を発見したならそれに基づいて行動する。

（『中世の覚醒』から引用）

ここで言う「合理的な存在」とは、思考力を使う人間のことだ。人間の思考力で世の中の諸原理を発見できるという考えだ。通常、理性（reason）は物事の善悪を判断する力を意味するとされているが、本当は、この思考力そのものが理性である。だから「合理的な存在」とは「理性を持った人間」そのもののことである。

映画『アレクサンドリア』では、このことを、ストーリーが雄弁に物語っている。映画では、架空の事実として、主人公ヒュパティアは天体観測を続け、独自にケプラーの法則を発見したことになっている。「秩序を構成する諸原理が精神の外に存在する」ことを発見したのである。

哲学（Philosophy）というのは、知（Sophie　ギリシャ語で知恵のこと）を愛する（Philo）という意味だと一般には言われている。知識を愛し探求するのが哲学である。だが、それだけでは不十分だ。**哲学というのは、「人間の思考でこの世界の諸原理（法則）を発見できる」という考え方そのものを言う。**この考え方は、「自然学」と呼ばれている。

しかし、哲学、つまりアリストテレス哲学は、キリスト教または一神教の神を信じるものにとっては危険思想だった。「人間に無関心な神」という概念はありえない。キリスト教徒には、とても受け入れられない考えなのである。

主人公ヒュパティアは、「哲学を信じる」と言い放った。当然、キリスト教徒からすれば、「そんな考え方は傲慢だ、すべてを決定している神への冒涜《ぼうとく》である、おまえは神を信じないのか」となる。主人公ヒュパティアは、危険思想の持ち主であり、そのアジテーター（扇動者）と見なされた。そのため、ヒュパティアはキリスト教徒の集団に虐殺されてしまった。

## 哲学者とはアリストテレス哲学を信奉する人たちという意味である

「哲学者」という言葉がある。我々は「哲学をする人」と考えている。しかし、イスラム哲学では、哲学がアリストテレス哲学だったように、哲学者というのは、アリストテレスのことなのである。さらに時代が進んで、イスラム世界では、哲学者は「アリストテレス哲学を信じる人たち」という意味になる。

このイスラム哲学を泥棒してできたのが、実は西洋哲学らしい。私の先生の副島隆彦氏が教えてくれた。ニーチェとハイデッガーがその秘密を暴いたらしい。だから、イスラム哲学こそが、西洋哲学全般を知るための最重要項目である。

イスラム哲学者が試みたことは、アリストテレス哲学とイスラム神学の融合である。よく、「理性と信仰の融合」という言葉が使われる。後にスコラ哲学者のトーマス・アクィーナス（Thomas Aquinas　1225～1274）が積極的に試み、成功したとされている。イスラム哲学者たちも、アリストテレス哲学をイスラム神学＝一神教の神学に融合しようと試みた。つまり、「理性（アリストテレス哲学）と信仰（神学）の融合」である。

たとえば、アヴィセンナ（イブン・スィーナー　980〜1037）というイスラム哲学者がいる。彼は、新プラトン主義の流出説を利用して、宇宙にいる神から流出して我々の現実の世界ができているとした。また、アベロエス（イブン・ルシュド　1126〜1198）というイスラム哲学者は、万物のすべての知性が神によるという知性単一論をとなえた。どちらもアリストテレス哲学を導入しようとして、アリストテレス哲学の方に手を加え改変した結果である。

しかし、アリストテレス哲学と神学はまったく異質なものであり、融合することはできない。この理由は、先ほど述べたように、一神教には我々を支配する絶対神の存在が必要だからだ。イスラム教もキリスト教も、アブラハムの宗教と呼ばれ、同じ一神教である。アリストテレス哲学をいじっても、どこかで異端とされてしまう。

さらに、アリストテレスの思想の根底には、合理的な人間の思考によってすべてが説明できるという、神がすべてを決めているとする一神教教徒には受け入れ難い信念もある。

もっと言うと、アリストテレスは、宇宙を支配する神に対して、この地上の現実の世界では「人間の思考＝心＝知性」が一番重要だと考えていたようだ。

アリストテレスの『心とは何か（デ・アニマ）』（桑子敏雄訳、講談社学術文庫、1999年）と哲学者の岩田靖夫《いわたやすお》氏の『いま哲学とはなにか』（岩波新書、2008年）から引用する。

したがって、**心（著者注：思惟・思考のこと）とは「可能的に生命をもつ自然的物体の第一の終局態（著者注：完全態のこと）」**ということになる。

（アリストテレス『心とは何か（デ・アニマ）』から引用）

そこで、**完全現実態としての第一原因は、他のものを動かすが自らは他のものからの影響を受けないという意味で、「第一の動かされないで動かすもの」すなわち、純粋精神（nous）とされ、**その原因性は物体的な因果関係とは異なった次元のものとされたのである（「形而上学」1072A24‐27）

（岩田靖夫『いま哲学とはなにか』から引用）

最初の文には、「人間の思考＝心＝知性」こそが、生命の「第一の」完全態と書いてある。二つ目の文は、形而上学で神について書かれたところで、神の純粋精神こそが「第一の」完全現実態と書いてある。アリストテレスの言う「第一の」動者こそが究極のものだ。宇宙ではそれは「神」である。

宇宙と地上（我々の世界）を二つに分ける考え方を「アリストテレスの二元論」という。私は、これを、物理学者の山本義隆の文から知った。だからこれを考え合わせると、右の引用文では、宇宙の神に対して、生命の存在する地上（我々の世界）の「第二」は、「人間の思考＝心＝知性」となる。

ここから私は「**地上の現実の世界では、『人間の思考＝心＝知性』こそが、第一の動者である**」と解釈する。これは、先ほど書いた、「人間の思考力で世の中の諸原理を説明する」という考え方をさらにすすめ、「人間の思考」そのものを究極のもの（being qua being、存在の中の存在）として賛美する思想だ。この考え方はアイン・ランドという哲学者の本にさりげなく書いてあった一節であり、どこかに説明されているわけではない。

しかし、私は、アヴィセンナ（イブン・スィーナー）は、同様のことを考えていたと思う。アヴィセンナの有名な思考実験に、「空中浮遊人間」というのがある。**空中に浮遊している人間がいる。手足をもぎ取り、目もふさぐ。そのような状況でも、人間は自分の心**（Soul）**により、自身の確実性を確認できる。**後にルネ・デカルトがこの考えをまねて、「疑っている自分自身の思考は最後まで残る」としたらしい。

また、アヴィセンナは存在論で「花がある」と述べた。英語ではA flower is. である。動詞のbeが存在（神）をあらわすとされている（存在の偶有性）。花ならたいしたことはないが、主語が人間になると、これは大変なことだ。人間が主格＝主人＝主語になってしまう。本来は、神（形而上的普遍者）が主格＝主人＝主語であり、英語にすれば、(God) am I.（神が私を存在させている）だった。それがI am（私は神なしで、自分として偶然存在する）が正しいとアヴィセンナは主張したわけだ。

これで「理性と信仰の融合」の本当の意味がわかる。理性＝我々の思考＝心＝知性を第一と考える思想と神学とを両立させようという試みだったわけである。

## 『薔薇の名前』にでてくるアリストテレス哲学

アリストテレスの思想の大半は、12世紀になって初めてヨーロッパに広がった。トレドにあった翻訳センターで、数々のアリストテレスの著作がアラビア語からラテン語になってはじめて僧侶たちが読めるようになったのである。それまで、アリストテレスの思想は論理学以外ほとんど知られることがなかった。つまり、イスラム哲学をへてアリストテレスの思想がヨーロッパに伝わったことになる。

中世ヨーロッパで、教会・修道院付属の学校や大学を中心として形成された神学・哲学がスコラ哲学である。スコラ哲学というのは、アリストテレス哲学と神学の二つを融合してできた。世界史や哲学の教科書には、そう書いてある。

このアリストテレス哲学の西洋における重要性は、ウンベルト・エーコ（Umberto Eco　1932〜2016）という現代最高の古典学者・哲学者・兼記号学者が書いた『薔薇の名前』（上下巻、河島英昭訳、東京創元社、1980年）という本を読むとよくわかる。この小説は、ショーン・コネリー主演で映画にもなった（ジャン＝ジャック・アノー監督、1986年）。14世紀の修道院で連続殺人事件があり、その犯人を主人公である修道士がつきとめるという探偵物と歴史物が合わさった映画である。

この『薔薇の名前』の中のクライマックスシーンで、主人公と犯人が睨みあい、対決する場面がある。その時の犯人の独白が非常に重要だ。『薔薇の名前』の小説から、該当部分を引用する。

「**なぜなら、あの哲学者（注：アリストテレスのこと）が書いたものだからだ。あの人物の著わした書物は、キリスト教が何世紀にもわたって蓄積した知恵の一部を破壊してきた**」「わたしたちが神性の名前についてすべてを知っていたのに、アッボーネが埋葬に力を貸したドミニコ会士［アクィーノのトマス］は　―あの哲学者に誘惑されて―　自然の論理の傲慢な小径を辿りながら、それらの名前をふたたび掲げていった」

「いまや聖者や教皇たちでさえ誓願の根拠とするようになった**あの哲学者の言葉の一つ一**

つが、この世界のイメージを逆転させてしまっている。しかし神のイメージを逆転するまでには至らなかった。
もしもその書物が広まって……開かれた解釈の資料となってしまえば、わたしたちは最後の一線を踏み越えてしまうであろう」

（『薔薇の名前』から引用）

「アクィーノのトマス」というのは、『神学大全（スンナ・テオロジカ Summa Theologica）』で知られる、先ほどでてきたトーマス・アクィーナスのことだ。彼が「理性と信仰の融合」を試み、アリストテレス哲学とキリスト教神学を融合したと言われている。

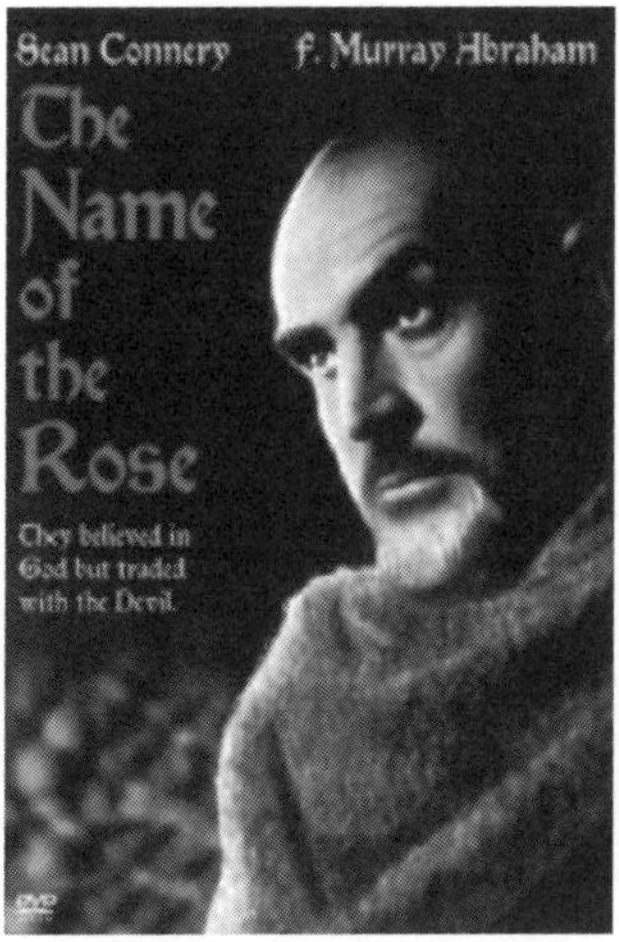


映画『薔薇の名前』（DVDジャケット）

引用文には、「しかし神のイメージを逆転するまでには至らなかった」「わたしたちは最後の一線を踏み越えてしまうであろう」とある。つまり犯人は、アリストテレス哲学が神のイメージを変え、さらに、キリスト教の神学体系そのものを壊してしまうことを予期して、怒りの言葉を発しているのである。

この「最後の一線を踏み越えた」先にあったものは本には書いていないが、それは主人公のモデルが誰かがわかると予想がつく。

この『薔薇の名前』の主人公は、ウイリアム・オッカム（William of Ockham　1285〜1347）をモデルにしている。フランシスコ会のキリスト教徒で、西洋哲学では欠かすことのできない重要人物である。「オッカムの剃刀」という言葉が有名である。

オッカムは「被創造物について人間が合理的推論と抽象によって発見する諸処のパターンは人間の知的産物である。それに対して、神の領域は人間ごときには不可知である」と述べた。つまり、理性と信仰の融合をあきらめ、神は不可知であると高らかに宣言したわけだ。このときに理性と信仰は分離したといわれる。一見、最もらしいが、これは実は、従来の我々の生活に関与する一神教の神の否定である。

そして、この思想は、後の近代思想につながっていく。なぜなら、近代とは、神中心の社会から人間中心の社会への移り変わりそのものを言うからである。**つまり、「最後の一線を踏み越えてしまった」先にあったものは、「近代（モダーン modern）」と「近代社会（modern society）」である。**

## 現代につながるアリストテレスの哲学

さて、このアリストテレスの主要性は、『中世の覚醒』（リチャード・E・ルーベンスタイン著）という本に詳しく書かれている。この本の原題は『アリストテレスの弟子たち（Aristotle pupils）』である。この本にでてくる、ヒュパティア、アヴィセンナ、アベロエス、アルベール、トーマス・アクィーナス、ウイリアム・オッカムが、すべて、アリストテレスの弟子である。

ウイリアム・オッカムから後のことは、この本ではほとんど取り上げられていない。しかし、その後が本当は重要である。なぜなら、先ほど書いたように、西洋に入ったイスラム哲学、つまりアリストテレス哲学そのものが、ヨーロッパで近代思想になっていくからである。

たとえば、最初に取り上げた「我思う、故に我有り」という有名な格言がある。ルネ・デカルトの有名なことばであり、『方法序説』という本の中にでてくる。しかし、これはイスラム哲学のところで見たように、イスラム哲学者アヴィセンナの「空中浮遊人間」、つまりアヴィセンナのアリストテレス解釈からでたものである。

だから、「我思う、故に我有り（I think, therefore I am）」とは、「私は思考することができる、この思考こそが『第一』だ、だから神がいなくても私は自分で存在する」という意味になる。

「人間は考える葦である」（ブレーズ・パスカル）も同様に考えることができる。人間の思考こそが「第一」なのである。

「理性と信仰の分離」は、後に「理神論（deism）」と呼ばれるものにつながっていく。岩波の哲学小事典で理神論を見ると、「神を世界の創造者として認めるが、世界を支配する人格的存在とは考えず、世界は創造された後では自然法則に従って運動し神の干渉を必要としないと考え、啓示や奇蹟などを拒む理性的な宗教観。ハーバート、トーランド、ロック、ニュートン、ヴォルテールなど一七世紀、一八世紀の啓蒙期の思想家によって主張されたもの」とある。これは、ここまで述べてきたアリストテレスの神に関する考えとまったく同じものである。

天文学者ピエール・ラプラス（Pierre-Simon Laplace　1749〜1827）が『宇宙の体系』という本をナポレオンに献上するとき、ナポレオンが「この本には神という言葉がないが」と指摘したという。ラプラスは「そういう仮定（神の存在という仮定）は必要ないので」と答えた。有名な言葉として残っている。アリストテレスが信じた宇宙に存在する神も、こうしていなくなった。そして、「神は死んだ（死んでいる）」というフリードリッヒ・ニーチェのセリフにつながっていく。

このように、西洋哲学＝近代思想とは、イスラム哲学者によるアリストテレス解釈そのものであり、アリストテレス哲学がイスラムを経て、ヨーロッパにブーメランのように帰ってきた結果なのである。

参考文献

リチャード・E・ルーベンスタイン、『中世の覚醒─アリストテレス再発見から知の革命へ』、紀伊國屋書店
井筒俊彦、『イスラーム哲学の原像』、岩波新書
副島隆彦、『存在構文と存在論哲学─「存在」と「存在するもの」』ウェブサイト「副島隆彦の論文教室」(http://soejimaronbun.sakura.ne.jp/files/ronbun078.html)
アリストテレス、『心とは何か』、講談社学術文庫
岩田靖夫、『いま哲学とはなにか』、岩波新書
粟田賢三、古在由重編、『岩波哲学小辞典』、岩波書店
長尾雅人編、『岩波講座 東洋思想〈4〉イスラーム思想2』、岩波書店

# 第2章

# 星占いの科学

## ――なぜ日本人は星占いが大好きなのか

陰陽師《おんみょうじ》。

　平安時代の国家の一部門であった「陰陽寮《おんみょうりょう》」の中の役職である。陰陽寮《おんみょうりょう》は律令制《りつりょうせい》で中務《なかつかさ》省《しょう》に属し、占い・天文・時・暦の編纂《へんさん》を担当した部署である。この陰陽寮で働いていた最高の技官のことを陰陽師《おんみょうじ》という

　陰陽師では安倍晴明《あべのせいめい》が有名だ。安倍晴明は、「今昔《こんじゃく》物語」、「宇治拾遺《うじしゅうい》物語」に登場する。また、江戸時代には「蘆屋道満《あしやどうまん》大内鑑《おおうちかがみ》」という人形浄瑠璃《にんぎょうじょうるり》で一世を風靡《ふうび》した。これらの現代版が、夢枕獏氏の小説とそれを映画化した『陰陽師』である。

　小説や映画の中では、安倍晴明は式神《しきがみ》と妖術の使い手として描かれ、架空の人物に見える。しかし、安倍晴明は日本史に実在した人物だ。実際は、天文博士《てんもんはかせ》として天体現象を観測し、その後、陰陽師になった。

　この天文博士の「博士」は資格ではなく、官職である。今なら、「所長」か「長官」に相当する。だから、「末は博士か大臣か」という格言は、「末は長官か大臣か」という意味だ。今の博士はそんなにえらいものではない。陰陽師《おんみょうじ》は、この天文博士《てんもんはかせ》のデータをもとに地上の変異や吉凶を占っていたとされる。

　陰陽寮は、江戸時代まで宮中に残り、最後は天文方《てんもんかた》として幕府に移った。天文方は、明治維新後は、東京大学理学部に衣替えしている。つまり、日本には、平安時代から現代まで１００

0年以上にわたる天文観測の伝統がある。
この章では、星占いと天文学がどういうものなのか、特に陰陽寮で使われていた陰陽道の祖先である中国の天文学がどういうものなのかを書いていく。

## 現代の星占い

さて、新聞や雑誌を読んでいると、最後のほうに必ずと言っていいほど12の星座を使った星占いのコーナーがある。いわゆる「生まれの星座」による星占いだ。誕生日がどの星座に属するかで、その人のその日その月の運命運勢が決まる。生まれの星座はおひつじ座、おうし座、ふたご座など12あり、本来は「黄道十二宮《こうどうじゅうにきゅう》」と呼ばれるべきであるが、通常は12星座と呼ばれている。

この誕生日と星座の関係がどうやって決められているのかは、あまり知られていない。実は、太陽の天球上の位置を星座で表したものである。太陽が出ているとき、明るすぎて見えないが、太陽の後ろにも星座がある。太陽は1年をかけて、12の星座の上を移動して、天球上を1周する。誕生日に太陽がどの星座の上に位置したかで、誕生日の星座が決められている。

ただし、現在では、誕生日でも、太陽はその人の生まれの星座の位置にはない。ほぼ1ヵ月分、つまり一星座分、ズレている。これは地球が歳差運動をしているためである。歳差運動とは、コマなど回転するものの回転軸がゆっくりと方向を変えていく運動である。地球の場合は、北極と南極を結ぶ軸（地軸）が、ゆっくりと、ゴマを揺《す》るときの揺《す》り棒のような動きをする。そのため、長い年月が経つと季節と天球の動きが少しずつズレていく。この歳差運動により、約70年で角度にして1度ほどずれる。1回転は360度、1ヵ月は「360 ÷ 12」で約30度に相当する。すると「70 × 30 ＝ 2100」で、2000年ほど昔の星図で生まれの星座を決めているのだと、逆算できる。

右に書いたように、この12の星座の正式な名称は、黄道《こうどう》十二宮である。太陽が進む天球上の道を黄道と呼ぶからだ。実際は、地球が太陽の周りを廻っているのだが、地上から見ると、あたかも太陽が1年かけて、天球上の黄道を移動しているように見える。

誕生日の星座が、西洋由来であることからわかるように、黄道上の太陽の動きを中心にすえて天文学を仕上げていったのが、メソポタミア由来の西洋天文学の特徴である。歴史の教科書に、古代エジプトでは、シリウスと太陽が同時に出没する時期にナイル河が氾濫するという伝説があったと記されている。これは、西洋の天文学の性質をよくあらわしている。つまり、太陽の天球上の位置、つまり太陽と星々との関係で、1年の季節の移り変わりを決定している。

誕生日の星座は、星占い（占星術）に使われる。だから、西洋星占いの原点は、まさに「太陽が天球上のどの位置にいるか」ということである。

**西洋に対して、中国では、この黄道ではなく、赤道を中心に天文学を形成していった。**地球儀を見ると、上と下に北極と南極、東西に円周上を走る赤道がある。同様にして、天球上でも、回転の中心を北極南極として、赤道を決めることができる。天を球とし、北極南極を軸としたとき、正確に二分する円が天の赤道である。中国では、この赤道を使って天文学をつくり上げてきた。この場合、赤道の決定には太陽の動きは関係しないので、赤道で天文学を記述するということは、星の動きそのものに重点を置いていることになる。

一般的に、西洋と東洋（中国）の天文学を比較すると、西洋が太陽を、東洋は月を中心にして天文学をつくり上げてきたとされている。しかし、それよりも、この基本的な天球上の表現が違うこと、つまり、黄道表現か赤道表現かが、非常に重要だ。**なぜなら、意外かもしれないが、このことは中国天文学が西洋天文学より進んでいた1つの証拠だからだ。**西洋では、デンマークの天文学者のティコ・ブラーエ（１５４６~１６０１）が、黄道による表現より、赤道による表現のほうが優れていることを理解して、16世紀に赤道表現に変えた。現在では赤道儀として、天体観測の原理に使われている。

## 四神《しじん》（朱雀《すじゃく》、玄武《げんぶ》、青竜《せいりゅう》、白虎《びゃっこ》）とは四方にある星座のことである

この中国の天文学は非常に重要である。なぜなら、中国の天文学は、陰陽道だけではなく、政治思想や私たち日本人の慣習にまで深い関わりがあるからだ。そこで、この中国の天文学をさらに詳しくみていこう。

中国天文学には、月の影響が大きいように見える。また、実際そう解説している本も多い。たとえば、二十八宿《にじゅうはっしゅく》という中国版の星座がある。月は、およそ28日で地球を1周する。そこで天球を28に区分し、それぞれを1つの宿にした。月は、およそ1日に1宿ずつ（つまり「一宿一飯《いっしゅくいっぱん》」の一宿）動く。だから二十八宿として表現された。

しかし、前述した地球の軸の歳差運動の関係で、これらの星座は２４００年前には、ほぼ北極を中心に配置されていたことがわかっている。つまり、二十八宿は、その言葉が月の通り道（天球上での月の軌道、白道《はくどう》と言う）を指すのと同時に、赤道座標的な性格も持っている。

このことは、奈良県の明日香村《あすかむら》にある高松塚古墳《たかまつづかこふん》に残る、星座の壁画（星図）からよくわかる。この高松塚古墳と同様の星図が、シルクロードの分岐点として栄えた都市の敦煌《とんこう》で見つかっている。したがって、高松塚古墳の星図は、日本固有のものではなく、中国由来のものであ

る。

図2－1に高松塚古墳の星図を示した（P40）。中心の北斗七星のような星座を28の星座が囲んでいる。実は、**高松塚古墳の星図の真ん中にあるのは、一見、北斗七星のように見えるがそうではない。北極五星といわれる星々だ。**正確に中心にあるのが極《きょく》と呼ばれる星で、真の北極にある。といっても、これは現在の北極ではなく、2400年前の北極だ。後述するように北極も先ほどの地球の歳差運動で動く。現在の北極星はこの図では描かれていない。天枢はまわりを4つの星に囲まれ、さらに、別の4つの星（太子《たいし》、帝《みかど》、庶子《しょし》、後宮《こうぐう》）がほぼ直線上に連なる。

この北極五星を中心として、まわりに描かれているのが、先ほど説明した二十八宿の星座だ。北極である天枢と呼ばれる星を中心として、それを囲むように配置されている。実は、月は、黄道に近いところを進むため、中心が北極にならない。**だから、この図2－1は、当時の人びとは二十八宿を月の通り道としてよりも、むしろ北極の周りを回転している星座であると意識していたことをあらわす。**

高松塚古墳の壁画には、四神《しじん》の朱雀《すじゃく》を除いた玄武《げんぶ》、青竜《せいりゅう》、白虎《びゃっこ》の3つの壁画があることは有名だ。**これもあまり知られていないが、四神は、二十八宿を東西南北の4つに分け、それぞれの7宿ずつを1つの獣にあらわした星図だ。**例えば、二十八宿の星座に尾《あしたれ》と翼《たすき》がある。これ

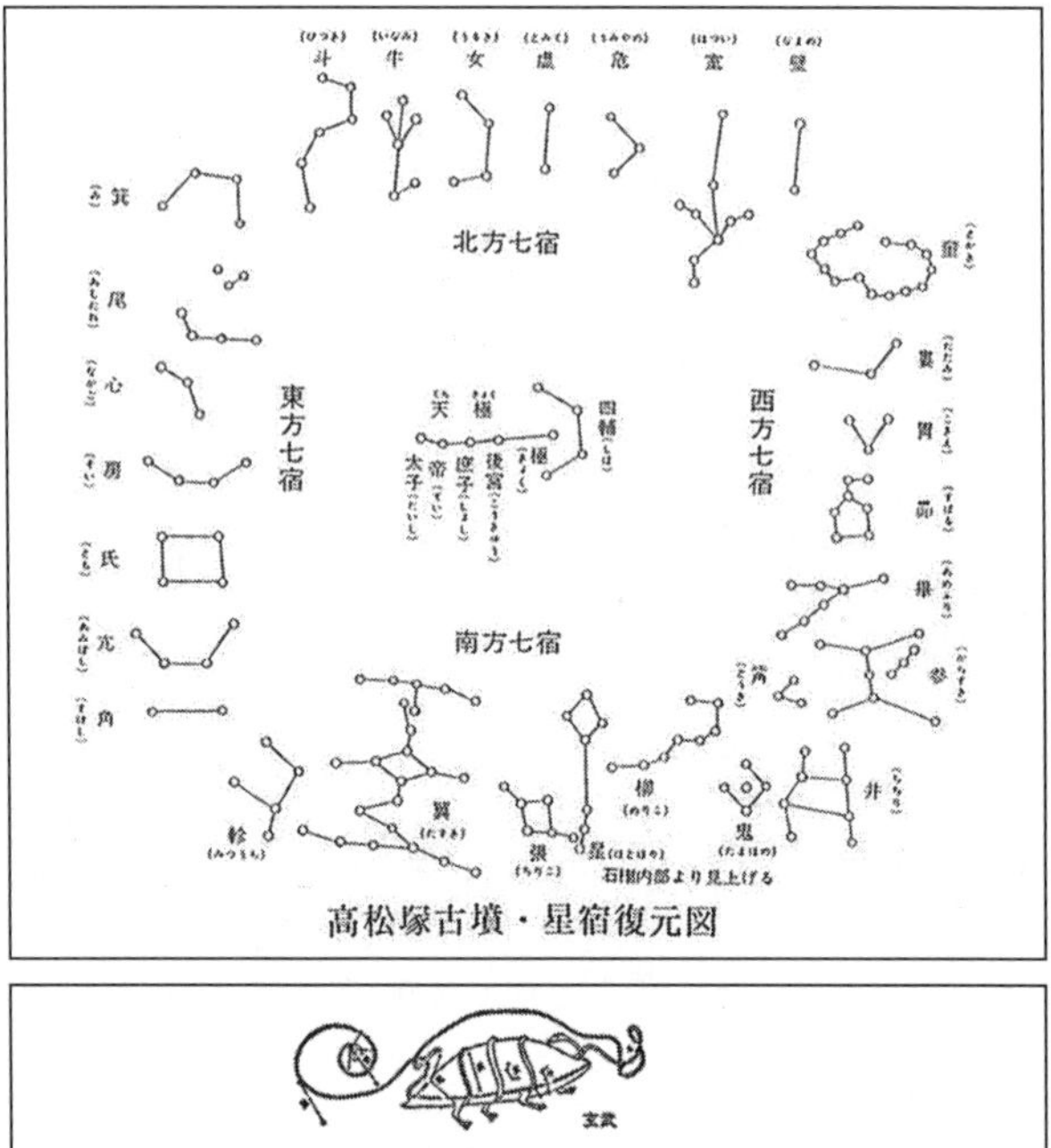


図２－１：高松塚古墳の星宿（復元版）と７つの宿の星座を玄武、青竜、朱雀、白虎とした図（出典：網干善教著「古代における星辰図について高松塚の星宿図を中心に」）

は、青竜のしっぽと朱雀の羽をあらわしている。四神の体の一部がそのまま星座の名前になっているわけだ。

　図2－1で、2400年前の春分点（春分の日に太陽のいる位置、または秋分の日の0時の北）に相当するのが昴《すばる》、畢《あめふり》、秋分点は、おおよそ房《そい》だ。図を見るとわかるように、これらは、それぞれ、白虎の真ん中、青竜の真ん中に位置する。**このことから、中国では、冬至の12時の位置で東西南北に四神を割り振り、季節が1つ進むと、玄武、青竜、朱雀、白虎が1つずつ次の場所に進み回転すると考えていたことがわかる。**つまり、天球上の星座の回転で1年の四季の移り変わりを決めていたということだ。

図2－2：韓国ドラマの『太王四神記』（DVD ジャケット）。四神（朱雀、玄武、青竜、白虎）とは4つの星図を意味する。

　この天球を四神や二十八宿であらわす方法は、中国から日本にも伝わった。

　そして、日本の星占いの基礎でもある。P43図2－3に示したのは、最初に書いた陰陽師が使っていたとされる式盤《ちょくばん》と呼ばれるものである。これを使って吉兆などの占いをしたとされる。この中心に描かれているのは、一見北斗七星に見えるが、先ほどの北極五星である。また二十八宿がまわりに記してある。つまり、この式盤は、高松塚古墳の星図と同じ系統なのだ。

このように、中国は、紀元前から独自の天文学を発展させてきた。ただし、中国天文学にも明らかな西洋の影響が見られるのも事実だ。たとえば、黄道十二宮のようなものが、中国にもあり、これを十二次《じゅうにじ》と言う。

また、英語と日本語の曜日に、同じ意味の単語が使われている。たとえば、日曜は Sunday で太陽の日、月曜は Monday で月（moon）の日、土曜は Saturday で土星（Saturn）の日という具合だ。これは、1週間の呼び名（七曜）が、イラン文化圏経由で中国に入ってきたからだ。仏教で宿曜経《すくようきょう》という占星術について書かれた不思議な経典がある。この宿曜経は、インドの経典を唐の不空《ふくう》が訳したものを、空海が日本にもたらした。この中に、七曜（日月五星）、十二宮、二十八宿の関係によって、日々の吉凶を定める方法が説かれている。ここに書かれている惑星の名称はソグド語（中期イラン諸語の中でも重要な言語の1つ）で書かれており、訳したときに七曜に入ってきたらしい。つまり、この宿曜経により、西洋と共通の曜日の呼び名が日本に入ってきたことになる。

**式盤の一例**

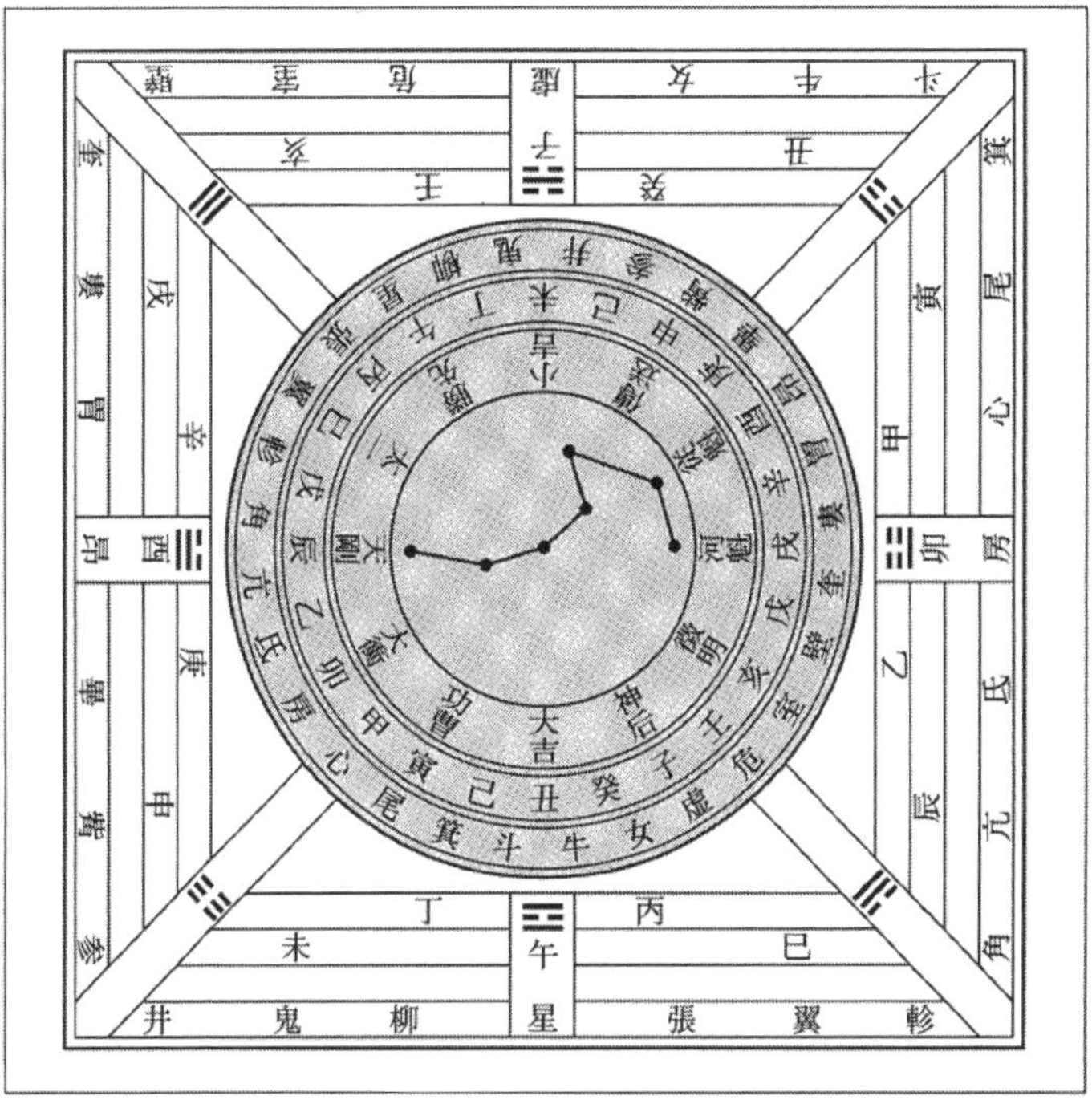


図２－３：陰陽師が使っていたとされる式盤《ちょくばん》＝六壬式占《りくじんちょくせん》（出典：『陰陽師完全解明ファイル』）

## 西暦150年に完成していた中国天文学

中国天文学が完成したのは、西暦150年頃、張衡《ちょうこう》（78〜139）という有名な科学者・天文学者が活躍した頃だと私は考えている。次に、張衡が著した『渾天儀図注《こんてんぎずちゅう》（渾儀注）』から引用する。

赤道以北および以南には、常に明るく輝いている124の星群がある。320星を（それぞれ）命名しうる。船乗りが観察している星を含めずとも、すべてで2500ある。ごく小さい星については11520ある。これらすべての星が運命に関わりを持つ。

（『中国の科学と文明』から、『渾天儀図注（渾儀注）』の文章を引用）

肉眼では1万以上の星は見えない。したがって、右の張衡の記述が本当だとすれば、ほぼすべての星を観測していたことになる。位置も正確に決めないと、何度も同じ星を数えてしまう。だから相当精密な測定をしていたことになる。

そのために張衡が発明したのが、渾天儀《こんてんぎ》と呼ばれる天体観測装置だ。簡儀《かんぎ》ともいう。現在は赤道儀と呼ばれている。２つの自由に回転する環《わ》があり、そこに、覗《のぞ》くための筒がついている。これによって天体の位置を測定することができる。現在では残念ながら、当時の星々の記録は残っていない。しかし、星は、その星が属する宿のある点からの角度（時角）と北極星からの角度（赤緯）であらわされていたらしい。

　張衡がどれだけ、正確に天体観測していたかは、次の文章から明らかだ。おもしろいので漢文もそのまま掲載する。

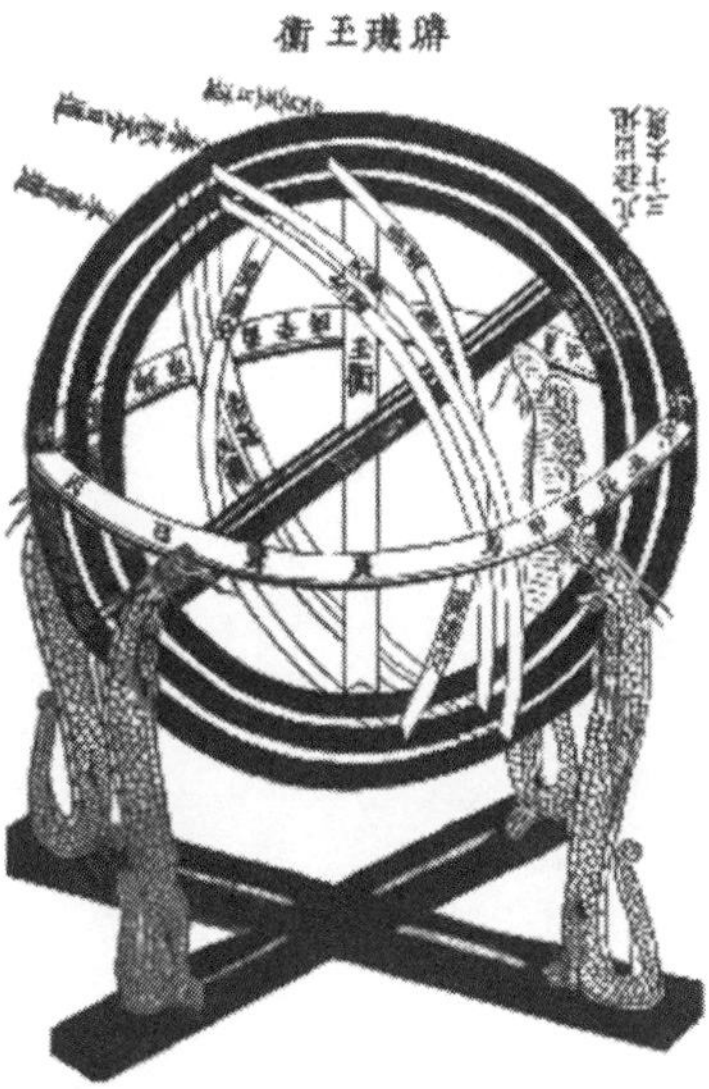


図２－４：渾天儀（江戸時代のもの）
（出典：馬場信武著『初学天文指南』）

天の周囲は365・1／4に分割される。それゆえその半分182・5／8は大地の上にあり、もう半分は下にある。こういうわけで、28宿（赤道のかたわらの星の群）のうち半分だけが一時に見える。天の両極は北極と南極で、前者は天空の中央にあり、正確に地球の上36度のところにある。

周天三百六十五度四分度之一。又中分之。則一百八十二度八分之五覆地上。一百八十二度八分之五繞地下。故二十八宿半見半隠。其両端謂南北極。北極乃天乃中也。出地上三十六度。

（『中国の科学と文明』から、『渾天儀図注（渾儀注）』の文章を引用）

引用に「周天三百六十五度四分度之一」という文章がある。1年は365日、閏年《うるうどし》があるから、正確には365日と1／4日だ。その1日あたりの太陽の変化の角度を一度として、全天を365＋1／4に分割して、一周を365と1／4度としているわけだ。西洋が、ざっくり360に分割したのとは対照的で、中国のほうが正確だ。1日の同じ時間、たとえば夜中の0時に観測すれば、全天球は、1日あたり正確に1度進むことになる。つまり、この時代（150年頃）、正確に1年の月日を天体観測で決めることができていたことを意味する。ちなみに、西洋で1年が365日と1／4日であることとは、シーザーがエジプトを占領したときには知られており、このことを利用して、いわゆる「ユリウス暦」が完成している。

**この張衡は1年の主要な日時を「二十四節気《にじゅうしせっき》」を用いて表していた。**二十四節気とは、日頃、我々が使っている春分、秋分、夏至、冬至のことだ。これらの季節を示すための区分は、立春、雨水、啓蟄、清明、穀雨など他にもあり、全部で24あるので二十四節気と呼ばれている。前漢の劉安《りゅうあん》（紀元前179～紀元前122）が学者を集めて編纂させた思想書の『淮南子《えなんじ》』には、二十四節気の名前が載っている。

このことは先ほどの『渾天儀図注』に載っている。

赤道も黄道も共に24気に分けられ、おのおの15度7／16の長さになる。

各分赤道黄道為二十四気。一気相去十五度十六分之七。

（『中国の科学と文明』から、『渾天儀図注（渾儀注）』の文章を引用）

実はこの文章少しおかしい。365度1／4を24で割ると、15度7／32だから間違っている。しかし、二十四節気により1年の暦を決めていたことははっきりとわかる。

張衡の時代（西暦150年頃）には、中国では、いくつかの道教教団が出現している。そして後漢末に張陵《ちょうりょう》（生没年不詳）が起こした中国の初期道教「五斗米道《ごとべいどう》」も、1年を24に分けていたことが知られている。だから、3世紀初めは民間でも二十四節気を使っていたと考えられる。

さらに、**皇帝に朝貢《ちょうこう》した場合、冊封国《さくほうこく》（朝貢した国、前近代の東アジアで中国王朝を中心とした冊封体制の下で、中国王朝を宗主国とした従属国）は暦を中国王朝からもらっていた。**日本洋学史研究の先覚であった故有坂隆道《ありさかたかみち》関西大学名誉教授が『古代史を解く鍵』（講談社）の中で詳細に説明している。後述するが、皇帝は暦を自分の管理下に置いていた。したがって、歴史書に出てくる、倭《わ》の奴国《なこく》や邪馬台国《やまたいこく》でも、皇帝から暦を授かり、二十四節気を用いていた可能性がある。今では想像もつかないが、暦そのものは農作物をつくるためには欠かせない。だからその情報は、皇帝が持つ権力の1つだった。

## 木星の動きからつくられた十二支

天球を1ヵ月とか長期間観察すると、夜には月以外に5つの星が、動いていることがわかる。水星、金星、火星、木星、土星の5つの惑星だ。

陰陽《いんよう》五行《ごぎょう》というコトバがある。中国の春秋戦国時代頃に発生した陰陽思想と五行思想が結び付いて生まれ、森羅万象《しんらばんしょう》を、水、金、火、木、土の5つであらわそうとする思想だ。これらのはっきりした由来はわかっていない。ただ鄒衍《すうえん》という戦国時代の中国学者がこの陰陽思想と五行思想が結びつけたといわれている。日本には、陰陽道として伝わり、一番最初に説明した陰陽寮にその名前をつらねている。

**私は、陰陽思想と五行思想は、太陽と月と5つの惑星を観測することから発生したものだと思う。**そうでないと、5という数字が出てくるはっきりした理由がない。5つの惑星が天球上を「(動いて)行く」から五行なのだろうと私は考えている。

5つの星のうち、水星と金星は、地球から見て太陽付近にあり、明け方と日の入り直後にしか見えない。火星は地球の外側を回っているので、逆まわりに回転していくはずだ。しかし、時々大きく逆行するという不思議な動きをする。木星と土星は、太陽とは逆に黄道上を移動しているように見え、およそ、木星が12年、土星が30年で1周する。

西洋由来の誕生日の星座について先ほど書いた。日本では、これに対して、古くから干支《えと》がある。子年《ねどし》生まれとか辰年《たつどし》生まれとか言う、生まれ年のことだ。年賀状にも書かれている。**実はこの干支は、木星が12年かけて黄道を1周することから生まれた。**再び『中国の科学と文明』から引用する。

木星(歳星《さいせい》)は他の惑星とともに星々の間を東へ、つまり反時計回りに動くように見えるので、そこで1つの「影の惑星」(太歳《たいさい》または歳陰《さいいん》)が太陽を従えてそれらとともに動くものとして考え出された。王充《おうじゅ》（27〜？）は『論衡《ろんこう》』の中で一篇をそっくりこの特異な理論に使っている。**12個の木星の宿は「次」と名づけられ、年々のひとめぐりは全体として「紀」と名づけられた。各年に対する名称は1組は天文学的、1組は占星術的という2つの形で存続した。だからそれらが、木星周期の各年に対してだけでなく、1年の各月に対してや1日の各辰刻に対しても使われたのは当然であった。**天文学的な用語は木星の位置を表すのに用いられ、占星術ないしは暦学的な用語は対木星の位置に適用された。

〈中略〉

**あるきわめて古い時代（著者注：紀元前6世紀頃）に12分割は牛、羊、龍、猪などの動物のサイクルと結びついた。**

（『中国の科学と文明』から引用）

ここから、十干十二支《じっかんじゅうにし》という思想が生まれた。単に干支（かんし、えと）とも呼ぶ。十二支の頭に、甲乙丙丁戊己庚辛壬癸の十干と呼ばれる文字を組み合わせ、「甲子（きのえね、こうし）」とか「壬申（みずのえさる、じんしん）」などと名付けた表記法だ。全部で60ある。有名なのは年の表記法で、十干十二支《じっかんじゅうにし》の組み合わせの1番目は「甲子《こうし》の年」だ。高校野球の大会が行われる兵庫県西宮市の甲子園球場は、1924年の甲子の年に完成したことから、この名がつけられた。この十干十二支は、年の表記だけでなく、方角、月日、時間など私たちの身近なところで用いられてきた。

この十干は、「陰陽五行」から来ている。陰陽の陽は兄（え）、陰は弟（と）だ。だから、十干の丙は「へい」ではなく、五行の火と陰陽の陽を合せて、丙（ひのえ、火の兄、火の陽）と読む。丁は「ひのと（火の弟、火の陰）」だ。つまり十干は、五行（火水木金土）と陰陽「兄《え》」「弟《と》」を組み合わせているわけだ。

さて、この「60年で1周り」という、年の表記法については、土星と木星を併せた動きが、その由来なのではないかと私は考えている。土星は約30年、木星は約12年で太陽の周りを1周（公転周期）する。**30と12の最小公倍数は60だ。だから、60年が経つと、土星と木星の両方が、再び同じ位置に戻ってくる。我々は60歳になると還暦のお祝いをする。還暦というのは、生まれた年の干支に還《かえ》るだけではなく、木星と土星が、60年後に、天球上で再び同じ位置に還ることを意味していると私は考えている。**これは私独自の考えだが、そう間違っていないと思う。ただし一般的には、60進法はメソポタミア起源の考え方だから、それが中国に入ってきたとされている。

さて、木星と土星の公転周期は、12年、30年ではなく、正確には11・862年、29・458年だ。だから、少しずつズレていく。つまり同じ十干十二支の年（つまり60年後）でも、木星と土星は天球上の同じ位置にはない。次に、同じ十干十二支で、同じ位置に戻ってくるのは、木星は１０２０年後（「1020÷11.862≒86」「1020÷12＝85」なので、このとき1周遅れで同じ位置に来る）、一方、土星は同様に考えて１５６０年後だ。

この2つの中間（１０２０年と１５６０年の中間）で、同じ干支になる年（60の倍数）は、１２６０（60×21）と１３２０年だ。ここから、「１２６０年あるいは１３２０年経つと世界が大きく変化する、新たな年になる」という思想をつくることができる。

「１２６０年経つと世界が大きく変化する」としたのは、古代中国で行われた予言の讖緯《しんい》説を元にした考え方である。三善清行《みよしきよゆき》という文章博士《もんじょうはかせ》・漢学者が平安時代に『紀伝勘文《きでんかんぶん》（革命勘文）』で、改元の是非を勘申させた意見書（勘文）を上奏したときにこの説がでている。ただし、土星や木星の周期が絡んでいたかは、私のアイデアで、定かではない。一方、「１３２０年が経つと世界が大きく変化する」としたのが、後漢末期の学者の鄭玄《ていげん》（１２７〜２００）の歴史理論だ。文明は１３２０年で1サイクルするとしている。ただ、鄭玄の文献は断片的にしか残っていない。だから、やはり、土星や木星の周期が絡んでいたかは定かではない。

さて、『日本書紀』では、紀元前６６０年の辛酉年《かのととり》を神武天皇の即位、つまり、「皇紀」元年としている。これは辛酉年には「革命」があるとの鄭玄の説をあてはめたものだ。讖緯説を元にすると、紀元前６６０年から１２６０年後、つまり紀元６０１年が、日本書紀の元年にあたるという考え方になる。この年は推古《すいこ》9年、斑鳩《いかるが》に宮殿を建てた年で、聖徳太子の頃になる。

ここから見ると、604年の憲法十七条の制定が、文明の新しい一歩になる。一方、鄭玄の説を用いているとBC660年から1320年後の紀元661年に文明は1サイクルすることになる。この年は百済《くだら》滅亡の翌年で、斉明《さいめい》天皇が崩御した年だ。そして、甲子の年が3年後の664年にある。これが「革命」の年、制度が新たになる年だ。664年は、白村《はくすき》江《え》の戦いの翌年になる。鄭玄の説から見ると、隣国の百済が滅亡し、白村江の戦いに負けた倭が、新しい一歩を踏み出したのが664年となる。私は同じ鄭玄の説である後者を支持している。

木星の話題のついでに、おもしろい絵をお見せしよう（図2－5）。これは天刑星《てんけいせい》という陰陽道の鬼神である。絵の中では小鬼が食べられているが、この小鬼は牛頭天王《ごずてんのう》と言って、天刑星と同一とされている。どちらも歳星、つまり木星の神様である。この絵は、奈良国立博物館にある。わかりにくいが、4つの鬼を捕まえて振り回している。さらに鬼が1人いるが、これは八つ裂きにされている。

私は**この絵を見たとき、この牛頭天王は木星の神だから、この4人の鬼は、木星の4つの衛星（イオ、エウロパ、ガニメデ、カリスト）なのではないかと思った。**この4つの衛星はガリレオ・ガリレイによって発見され、ガリレオ衛星と呼ばれている。現在では木星には衛星が65個

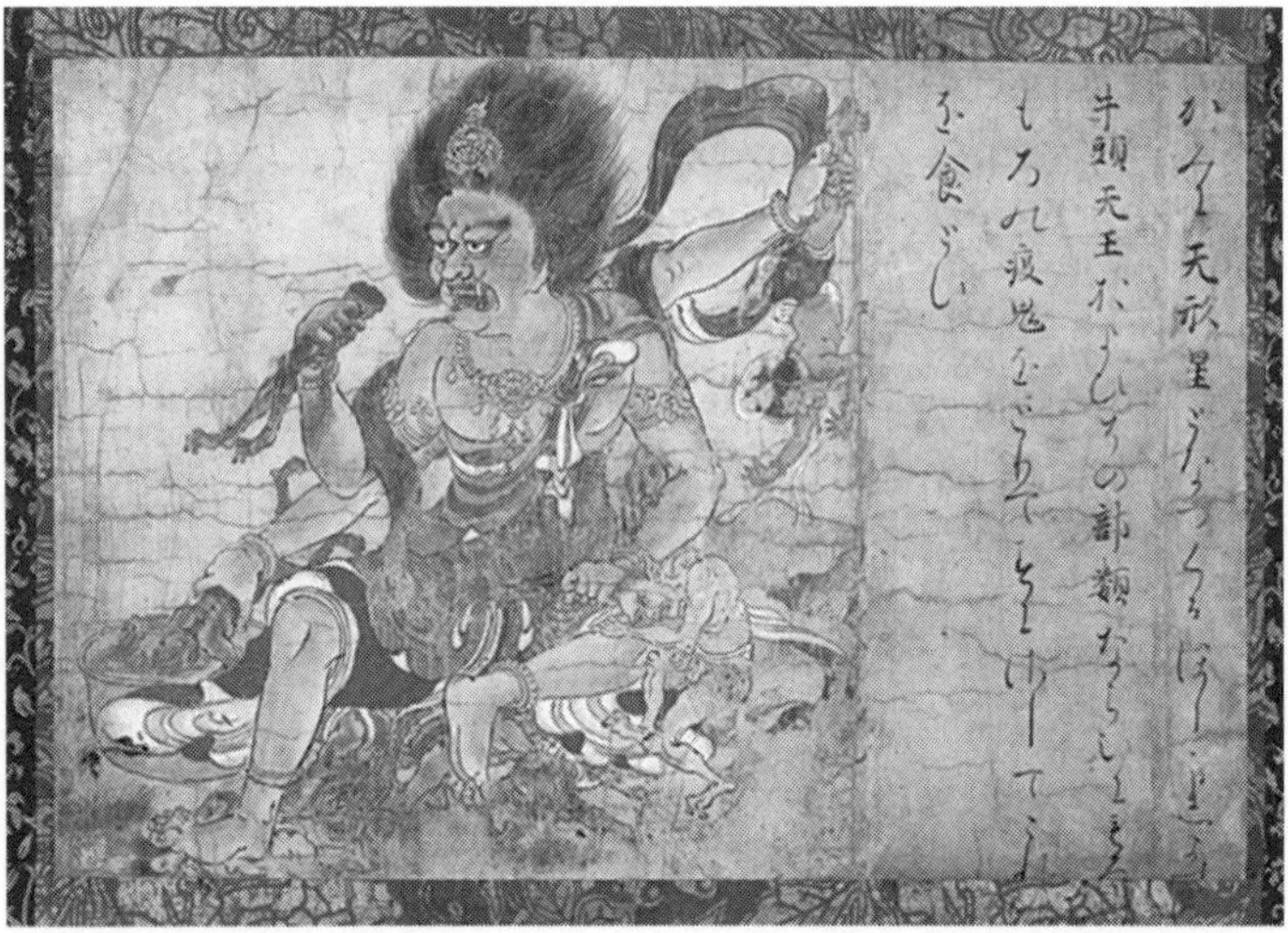

図2－5：天刑星が牛頭天王（邪神）をつかんで食らう図（奈良国立博物館所蔵）

発見されているが、ガリレオ衛星の4つだけが明るい。5等星と6等星だ。肉眼でギリギリ見えるのが6等星から7等星の間と言われているから、木星さえ遮れば、ガリレオ衛星はじつは肉眼で見える明るさだ。すると、衛星が木星のまわりを回転しているという概念がない時代だから、木星が4つの星を食べているように見えたのが、この絵ではないのか？

実は、この絵は平安時代の絵だ。当然、木星の衛星を発見したガリレオよりはるか昔の時代の絵だ。すでに、中国や日本で木星の衛星が発見されていた、という事実があれば、おもしろい。

## 北極星の移動に見る中国と日本の政治思想

中国の天文学は、現代や西洋のように科学として発展したのではない。明確に皇帝の権威の道具として使われた。このことはものすごく重要なことだ。先ほどの、『中国の科学と文明』から引用する。

ともあれ、古代中国の国家宗教の天文学的あるいは星象的な性格が上述のことから明白に出てくる。H.ウィルヘルムが正しく述べているように、**天文学は教祖＝国王の神秘科学であった。天文台は当初から、明堂に欠くことのできぬ一部分であった。明堂とは宇宙構造論にのっとった廟堂で、これも皇帝の祭式場であった。**農業経済には天文学的知識は暦の取り締まり人として最重要時であった。**人民に暦を授けられる者が彼らの指導者となる**のであった。

〈中略〉

**古代および中世中国では、暦の皇帝による公布は、西洋の支配者が肖像と銘を入れて鋳造貨幣を発行するのに相当する権利であった。**暦の使用は、皇帝の権威の承認を意味した。

ギリシャ天文学とは対照的に、中国天文学の公的かつ官的性格に非常に具体的な社会的諸原因が認められることには、ほとんど疑いを入れない。（『中国の科学と文明』から引用）

**古代の中国では、天文学に基づいて、天と地上の政治とを結びつける考えがある。天人相関《てんじんそうかん》の思想と言う。**前述したように、中国古代の天文学では、天を二十八宿に分けた。さらに中心部分を、天の北極を中心に、三垣《さんえん》という形で3つの天区に分けた。その1つの北極星周囲の区画は、紫微垣《しびえん》または紫微宮《しびきゅう》と呼ばれている。紫微垣は天帝《てんてい》のいるところだ。

だから、そこにある星々には、宮中に関する特別な意味が与えられた。特に北極星には、天における皇帝と同じ意味が与えられた。天帝（北極星）は、天球を自分自身のまわりに回転させ、全天を支配している。だから、同様に中国の皇帝は、地上における北極星として、すべてを支配する。皇帝を天子《てんし》というのも、天帝の子という意味で、天帝の命をうけ、これに代わって天下を治めるという考えによるものだ。さらに、革命は、天命（天の命令）が革《あらた》まるという意味だ。

このことは、天文学をもとに考察するとさらによくわかる。現在の北極星は、図2－6にあるように、こぐま座α《アルファ》星（ポラリス）だ。しかし、大昔、つまり数千年前は違う。冒頭に述べたように、地球の軸が歳差運動（ゴマ摺り棒のように軸が動く）をしているので天の極が移動し、長い年月が経つと季節と天球の動きが少しずつズレていく。これは北極や北極星も同じ

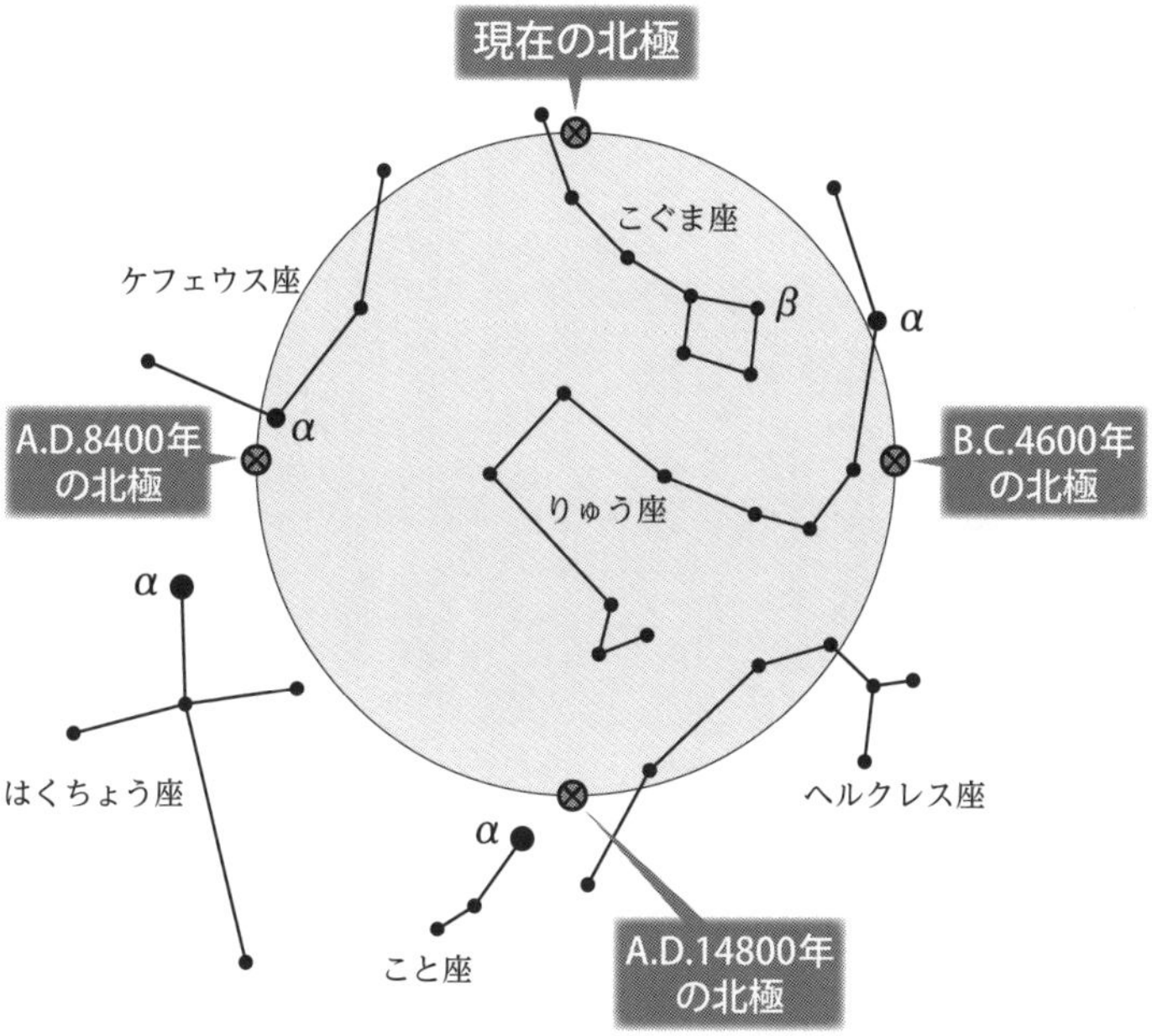


図２－６：年代による北極の動き。BC2000 年頃はりゅう座のα星が、BC1000 年頃はこぐま座のβ星が北極星だった。（出典：米山忠興著『空と月と暦』）

だ。図2－6に北極が年代によりどう移り変わるかを示した。
たとえば、紀元前1000年頃は、現在と同じこぐま座だが、β《ベーター》星（コカブ）が北極星だった。現在の北極星であるこぐま座α星（ポラリス）まで約3000年かけて移動してきたわけだ。2万5800年で図2－6の円を1周する。

北極星を中心にした周囲の星々の中国の星名を見てみる。先述した紫微垣《しびえん》の中だ。この紫微垣で、一番重要なのが、高松塚古墳にもあった北極五星と呼ばれる5つの星だ。それぞれ、太《たい》子《し》、帝《みかど》、庶子《しょし》、后《きさき》、天枢《てんすう》と名前がついている。この天枢が紀元前350年頃の真の天の極（回転の中心）だ。また天枢は4つの星に囲まれており、これを四輔《しほ》と呼ぶ。だから、高松塚古墳の星図の中心に描かれているのは、太子、帝、庶子、后、天枢の5つの星と四輔だ。高松塚古墳の星図では、この天枢がきちんと中心に描かれている。

次に、図2－7の紫微垣の図を見ると面白いことがわかる。りゅう座のあたりに、左樞《さすう》（左枢・左のかなめという意味）と右樞《うすう》（右枢）という星がある。まさに、紀元前4000年頃、この2つの星の間に北極星があった。さらに、その右に天乙《てんいつ》と太乙《たいいつ》という2つの星がある。天乙と太乙の乙は一と同じ意味で、たとえば、太乙とは太一、すなわち道教の太一神と同じ名前だ。名前から考えて、かつてはこれらも、実際に北極星として認識されていたと推測できる。つまり、**星々の名前に北極星の移動の跡が残っている。**

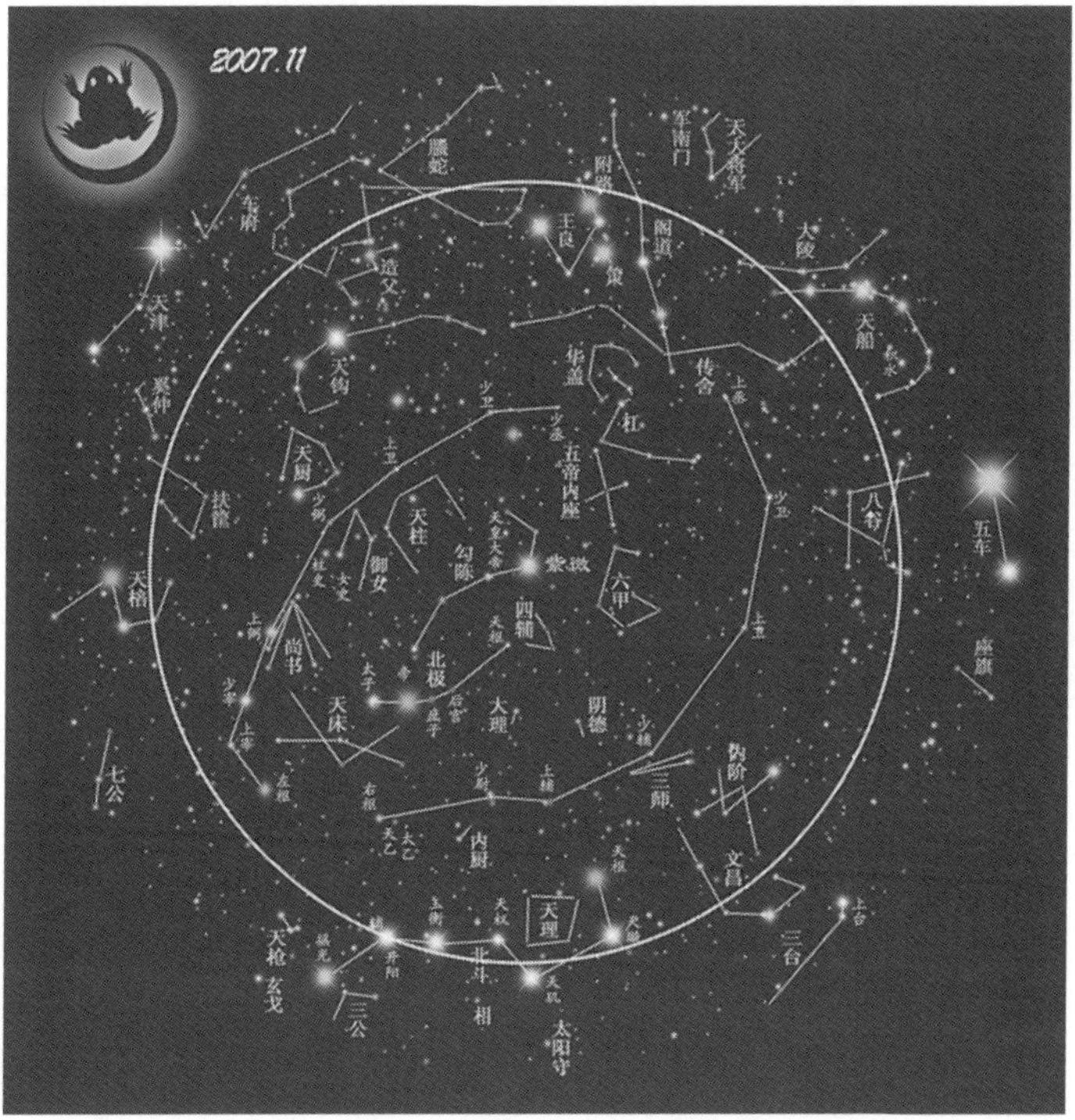


図２－７：紫微垣（インターネットの中国サイトからのコピー）

**紀元前1000年頃、北極星として使われていたのが、「帝《みかど》」という星で、現在のこぐま座β星だ。だから、この紀元前1000年頃に「帝」という称号ができて、天の中心部分を占め、天を支配する北極星を「天帝」、地上を支配する支配者を「帝」として、中国政治思想を形成していったということが想像できる。**

このことは論語にも載っている。「子曰、為政以徳、譬如北辰居其所、而衆星共之」（徳によって政治を行う者は、すべての星がその回りを回転しているのに対し、その場所を保持し続ける北極星に譬えられる）。この論語では、北辰《ほくしん》が北極星になっている。天枢が北辰と表されるときもあり、どう区別しているのかはよくわからない。「辰」は、もともとは、目印になる星という意味だそうだ。

さて、さらに時が過ぎ、紀元前300年の頃は、北極五星の「天枢」が天の極だ。高松塚古墳の星図や、有名な奈良県明日香村のキトラ古墳の星図では、この北極五星の天枢が、天の極になっている。この天枢は明るい星ではない。だから北極星と呼ばれたかはわからない。

そして、現在の天の北極はさらにそこから動いた、こぐま座α星の近くだ。だから、このα星が現在では「北極星」と一般的に呼ばれている。ポラリスとも言う。

**この星の中国名は、実は、「天皇大帝《てんのうだいてい》」だ。**図2－7を見ると、「天皇大帝」は、こぐま座α

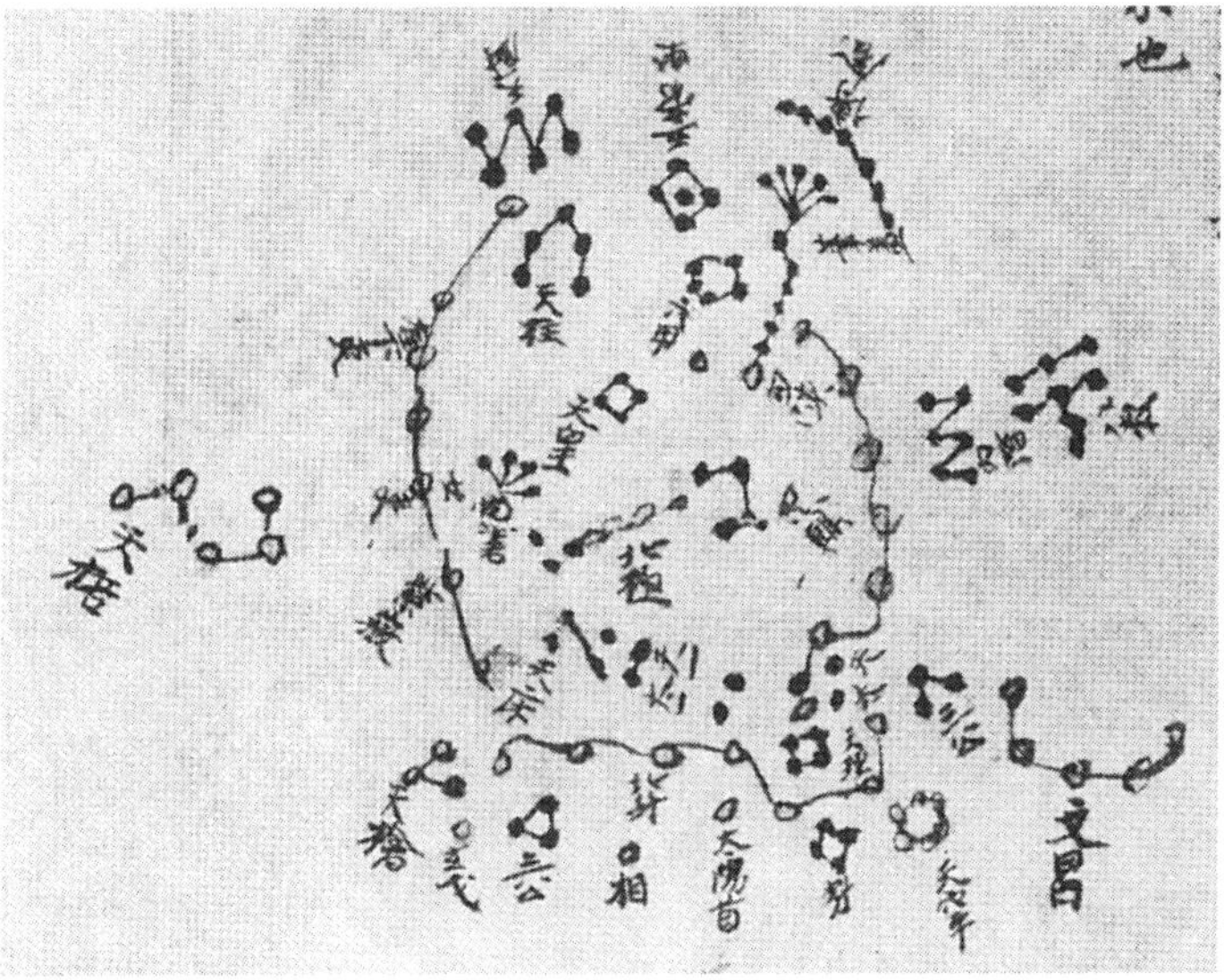

図２－８：敦煌の石窟に残る壁画、北極の上に「天皇」という文字が見える。
（出典：ジョセフ・ニーダム著『中国の科学と文明』）

星ではなく、そのすぐそばの小さな星ということになっている。しかし、『中国の科学と文明』には、「天皇大帝」は、こぐま座$\alpha$星で、現在の北極星だとはっきり書いてある。いくつか残った昔の天文図の中に、そう書いているものがあるからしい。また、図２－８に敦煌の壁画を示した。ここにも天皇という星座が、北極とは別に書いてある。だから、ここの一番明るい星を天皇大帝と呼んだということは十分に考えられる。

**日本の「天皇陛下」の称号は、この「天皇大帝」が由来と言われている。「天皇大帝」という北極星の名前が、日本の王の呼び名になったわけだ。**

この「天皇＝北極星」説には異論があ

るようだ。しかし、私は間違いなく、北極星を意識してこの称号をつけたと思う。それは、奈良時代に「紫微中台《しびちゅうだい》」という、天皇から直接命令を受ける国家の実質的な最高権力機関があるからだ。藤原仲麻呂《ふじわらのなかまろ》が、当時の天皇の孝謙《こうけん》天皇から実権を奪い取るため、天皇直轄の機関としてこの紫微中台を創設した。この「紫微」というのは、どう考えても、先ほど説明した「紫《し》微垣《びえん》」から来ている。紫微垣とは北極星の周りの天帝が住むところだ。だから、紫微中台とは北極星を取り囲む星々のような組織という意味になる。実際の組織の内容とぴったり重なる。

　中国では唐朝の第3代皇帝の高宗《こうそう》（６４９～６８３）が「天皇」と称し、死後は皇后の則《そく》天武后《てんぶこう》によって「天皇大帝」の諡《おくりな》がつけられた。この時代（西暦６００年頃）は、ちょうど、北極点が、「帝《みかど》」という星（こぐま座β星）と「天皇大帝」（こぐま座α星）の中間にあった時代と一致する。つまり、北極星が「帝」から「天皇大帝」に移った頃に、中国の皇帝は称号を変えたことになる。そうすると、高宗が「天皇大帝」の称号に変えたのは、「世界の中心である皇帝」という思想の一貫性を保とうとして、天の極に近い「天皇大帝」の称号を採用したとも考えられる。

　このように、中国だけでなく、日本の政治思想にも大きく天文学が入っている。天文学を知ることで、日本の基本的な政治思想がわかる。

## 陰陽師が行っていた星占いとは何だったのか

最初に、天文博士と陰陽師のことを書いた。ここまで読んでくると、天文博士の一番の重要な仕事は、二十四節気の日取りを正確に決めることであることがわかる。これらを含んだ暦の決定は、天皇の権力の源であり、象徴でもある。江戸時代に暦の決定権が、陰陽寮から天文方に移ったときに江戸幕府の権威は高まった。

一方、陰陽師は天文博士から天文観測の結果を聞き、これをもとに地上の変異や吉凶を占っていたとされる。いったい彼らはどうやって星占いをやっていたのだろうか？　これを斉藤国治著『古天文学の道』から見てみよう。

あたりまえだが、天体において恒星は移動しない。したがって、重要なのは太陽、月と5つの惑星（水星、金星、火星、木星、土星）、つまり「陰陽五行」の7つの位置である。

そして、これらの星の位置が重なったとき、それを不吉な前兆とみなす（不思議と「吉兆」はないらしい）。二つの星が天体の角度で0・7度（七寸）以内に接するときを「犯」、0・7度以上のゆるい接近を「合」、さらにゆるい接近を「同舎」と呼ぶ。この記録が陰陽頭の安倍泰親の本にはたくさんある。そして、**そのような天体異変があった場合、陰陽師は占い書を手引き**

に、**天変地異の解釈を合議で行った。結果は、国家と天子（天皇）の運命そのものだから、密封して天子に奏上された。**そして、国家機密として厳重に保管された。

この章の副題は「なぜ日本人は星占いが大好きなのか」だが、したがって、その答えは、「もともと宮中で行われていたから」となる。ひな祭りで、お内裏様、左大臣、右大臣、三人官女などの宮中の人形を飾るように、庶民はもともと宮中で行われてきた星占いを自分たちのものとした。次のページに示したのは明応3年（室町時代）の七曜暦である。この中には木星、火星、土星、金星、水星の位置が示してある。ここから、この室町時代には庶民でも星占いが可能だったことがわかる。


参考文献

『陰陽師完全解明ファイル』、河出書房新社

ジョセフ・ニーダム著『中国の科学と文明』、思索社

有坂隆道著、『古代史を解く鍵』、講談社

斉藤国治著『古天文学の道―歴史の中の天文現象』、原書房

斎川 眞著『天皇がわかれば日本がわかる』、ちくま新書

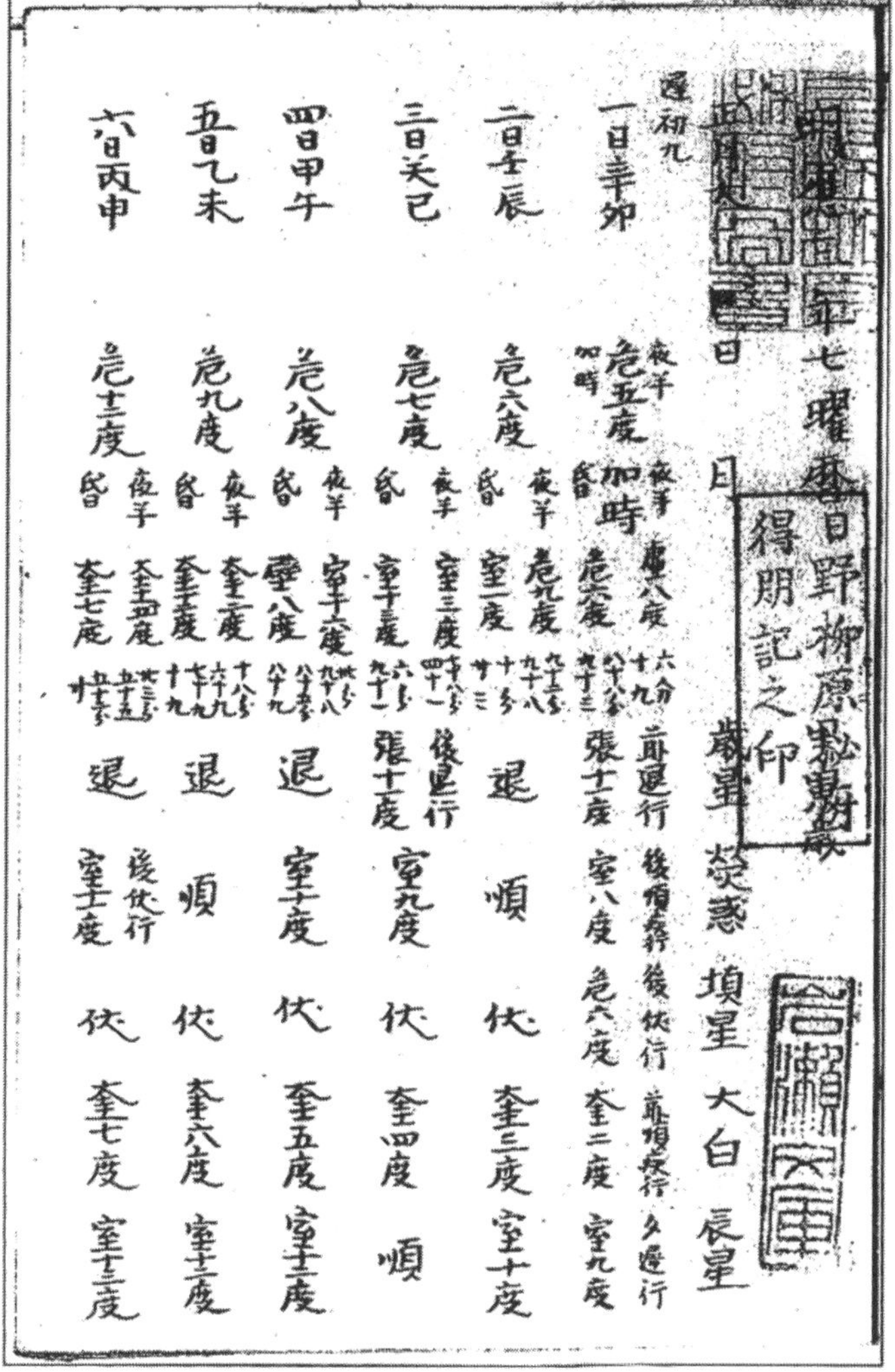


図2－9：明応3年の七曜暦。下の方に、歳星（木星）、熒惑《けいこく》（火星）、填星《てんせい》（土星）、太白《たいはく》（金星）、辰星《しんせい》（水星）の星空での位置が示してある。
（出典：細井浩志著『日本史を学ぶための古代の暦入門』）

# 第3章

# 歴史の謎を天文学から明らかにする

## ——女王卑弥呼とは誰だったのか？

前の章では天文学と星占いについてのべた。この章では、これをさらにすすめ、歴史の様々な謎を、この天文学の観点から解いていく。

## 日本に伝わる妙見《みょうけん》信仰

日本には、北極星や北斗七星を崇《あが》める風習がある。

たとえば、前の章で陰陽道について書いたが、この陰陽道での北極星や北斗七星の祭りを泰《たい》山府君祭《ざんふくんさい》と言う。安倍晴明がこの泰山府君を陰陽道の最高神霊で宇宙の生成、森羅万象を司る神として位置づけた。このことから泰山府君祭は北辰祭とも呼ばれている。日本で、北極星と北斗七星の両方をあらわすコトバが、この「北辰」だ。

この**北極星・北斗七星に崇める民間の信仰は、「妙見信仰」と呼ばれている。**この妙見信仰とは、一般には仏教で言う北辰妙見菩薩《ほくしんみょうけんぼさつ》に対する信仰とされている。しかし、その元の姿は、道教における星辰《せいしん》信仰、特に北極星・北斗七星に対する信仰だ。この「妙見信仰」は日本全土に広がっている。日本全国に妙見寺や妙見《みょうけん》神社がある。

この妙見信仰には弘法大師《こうぼうだいし》（空海《くうかい》）も関係している。弘法大師（空海）は、西暦806年に唐から帰国して、高野山《こうやさん》に真言宗《しんごんしゅう》の総本山金剛峯寺《こんごうぶじ》を開山した。そのときに、「妙見大菩薩《みょうけんだいぼさつ》」

という真言密教の仏様を迎え入れたと言われている。そのとき、弘法大師が唐から持ち帰った占星術の教典が前章で紹介した宿曜経《すくようきょう》だ。そして、全国を行脚《あんぎゃ》する過程で、妙見寺や妙見菩薩を広げている。

中西用康著『妙見信仰の史的考察』によると、妙見信仰の一番古いものは、大阪府南河内郡太子町にある妙見寺だそうだ。この妙見寺は、蘇我馬子《そがのうまこ》が、598年に創建したと伝えられている。

実は、「妙見信仰」と「聖徳太子」には強いつながりがある。たとえば、聖徳太子の持っていたとされる剣が四天王寺《してんのうじ》にあり、それを七星剣《しちせいけん》と言う。北斗七星の七星だ。四天王寺は、大阪市天王寺区にある寺院で、聖徳太子建立七大寺の1つだ。

妙見菩薩のもっとも古い菩薩像（図3－1）が、東京都稲城市のよみうりランド内の妙見堂にある。西暦859年作のものが、何かしらの理由で失われ、西暦1301年に再び造られたらしい。この菩薩像は甲冑《かっちゅう》を着け、右手に剣を持ち、頭髪を角髪《みずら》（美豆良）に結っている。角髪とは日本の古代（飛鳥～奈良時代）における貴族男性の髪型だ。この菩薩像は、聖徳太子の若いときの像ではないかと、私は考えている。

天皇という称号がつき、北極星が崇《あが》められる前、つまり聖徳太子の時代は、どうやら北斗七星が崇拝されていたらしい。たとえば、吉野裕子《よしのひろこ》という在野の民俗学者は、伊勢神宮の天皇の儀式である神嘗祭《かんなめさい》が執り行われる日付と時刻は、北斗七星の動きと関連していることを著書『隠された神々』という本の中で明らかにしている。

神嘗祭は、かつては旧暦9月11日に勅使に御酒《おみき》と神饌《しんせん》を授け、旧暦9月17日に奉納していたが、明治12年（1879年）以降は月遅れで新暦10月17日に行われるようになった。この神嘗祭の時刻（10月17日）に北斗七星は斜めで、吉野裕子氏は北斗七星の端の星が南北にあるときと述べている。

しかし、前章で述べた歳差運動を考慮すると、この時刻は、1500年前は、北斗七星が地面に対して垂直に立ったときに相当する。また、北斗七星の4つの枡《ます》で囲まれたところの星群には、「天理《てんり》」という名前がついている。天理の意味を調べてみると、「自然の道理」の他に、「天命（天の命令）」とか「人の力で変えることのできない運命」という意味がある。

したがって、2回（12時間後にもう一度行う）の神嘗祭の儀式は、「柄杓《ひしゃく》をひっくり返して、中にある天理（天命）を北極星に返す」というのと、「天理（天命）を受け止める」という2つの動作を表現しているのだと私は考えている。ちょうど柄杓で水をすくったりこぼしたりするように、稲穂を入れて天理（天命）を返し、後に天理（天命）を受け取ったと考えると神嘗祭の内容と一致する（図3－2を参照）。

さらに言うと、**聖徳太子の時代には、天皇家は北斗七星を愛し自分たちの守護星としたと私は考えている。それは北斗七星には「天」という字が入る星が4つもあるからだ。**α星（北斗七星の枡の一番端の星）から順に、天枢《てんすう》、天璇《てんせん》、天璣《てんき》、天権《てんけん》という名前だ。この「天」という和風諡号《わふうおくりごう》（戒名、主に帝王・相国などの貴人の死後に奉る、生前の事績への評価に基づく名）を持った天皇が、持統《じとう》天皇の前、5代にわたって続いている。**また、隋書には「アメタリシヒコ」という倭王の名も残っている。本当に「天（アメ）」という王家があったのかもしれない。**

前の章で見た高松塚古墳には、北斗七星がない。描くスペースはあるので、きっと、剥《は》がれ

図3－1：よみうりランドにある妙見菩薩像（出典：『妙見信仰の史的考察』）

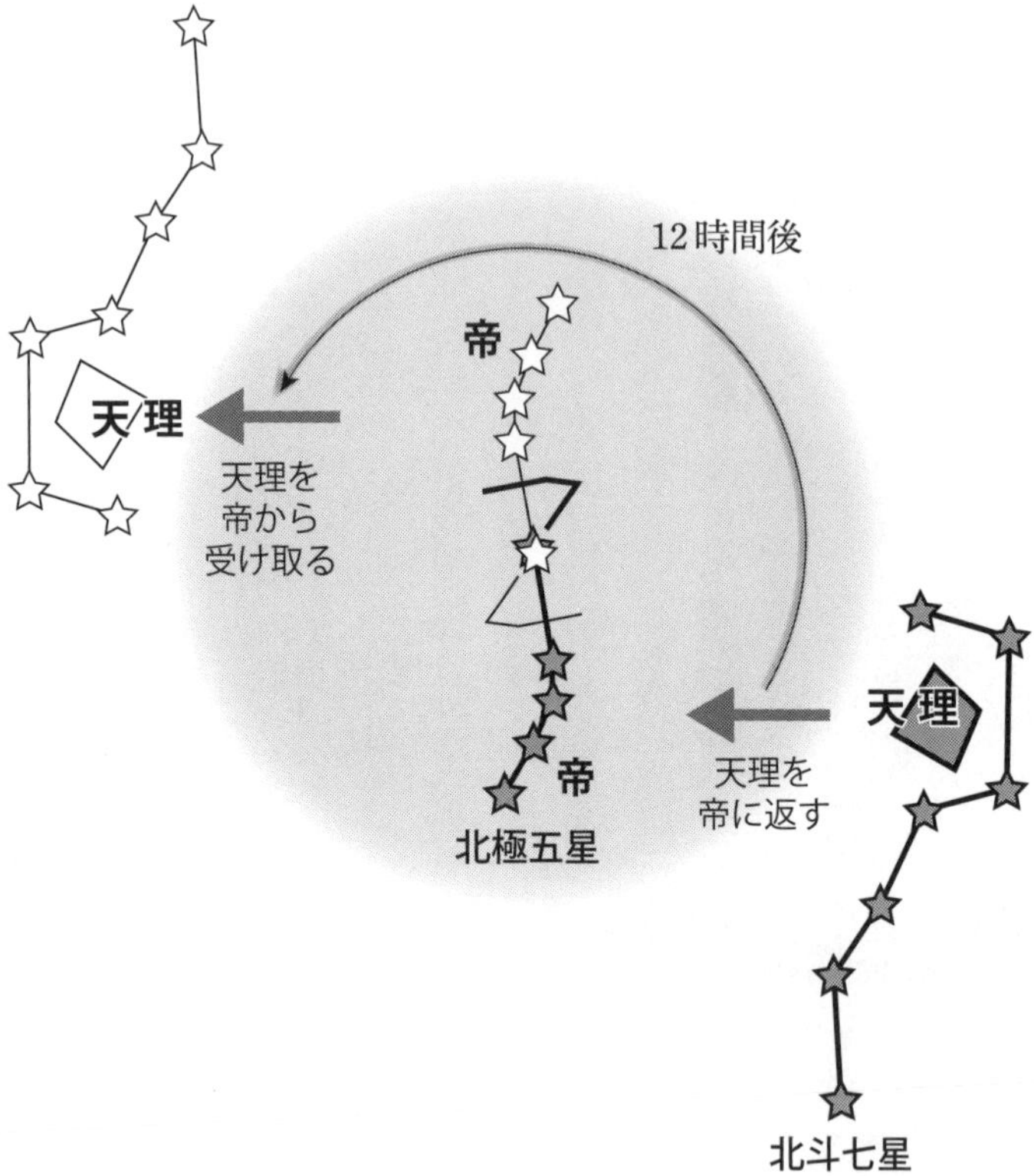


図3－2　北斗七星と北極五星の関係（図版：筆者作製）

落ちたのだろうと考えて、一生懸命に探したけれど見つからなかったそうだ。したがって、この頃、つまり、**高松塚古墳が完成した天武《てんむ》・持統天皇の頃に、北斗七星よりも天皇をあらわす北極星のほうが、重要になったと考えられる。**天皇の称号ができたのが、その前の天智《てんち》天皇の頃だと言われている。２つの時期がピッタリ一致する。

## 西播磨の大避神社が示す北斗七星と北極星

ここで私の住んでいる西播磨の神社と星座の関係について書いておこう。

西播磨一体には大避《おおさけ》神社という神社が点在している。あの赤穂浪士で有名な兵庫県赤穂市から、上郡町、相生市にかけて地図の上で8神社、その他名前がちょっとちがう大酒神社や地図に載っていない大避神社までいれると、おおよそ20ぐらいが点在している。

この大避神社でいちばん有名な神社が、赤穂市の坂越《さこし》にある大避《おおさけ》神社だ。ここには、生島《いきしま》という島が沖合にあって、そこには秦河勝《はたのかわかつ》の墓がある。秦河勝という人は、聖徳太子のブレーンと言われ、古代史では有名だ。

この大避神社は、日本ユダヤ同祖論で有名な神社である。この「大避」というのは、中国語で「ダビデ」を意味する。ダビデとは、ペリシテ人の勇士ゴリアテを一発で倒したとされるユダヤのダビデ王のことだ。彼はサウル王に続く二代目だが、事実上のイスラエル王国建国の祖だ。だから大避神社は「聖ダビデ神社」を意味する。

この大避神社の位置を地図に記すと図3－3のようになる。北斗七星の形をしている。しかし、この北斗七星は形が変で、夜空に見る形とは逆だ。つまり、柄杓《ひしゃく》の椀《わん》を上向きにして、柄《え》が左にあるはずなのに右になっている。そこで、逆様にして形をかえてみる（図3－3の点線）。するとほぼ北斗七星の形になる。特に柄のところの、曲がり方がそっくりだ。

あるとき、中国の星図をこの地図と比較してみようと重ねてみたところ、多くの大避神社が中国名のついた星にうまくあった。さすがにこれにはびっくりした。これを示したのが図3－3の下の図だ。

北斗七星の2つの星の位置には、大避神社は存在しない。だから、完全ではないが、星図と大避神社の位置の相関は非常に高い。たとえば、昔、大避神社だった宇麻志（ウマシ）神社という神社がある（『播州赤穂郡祭礼式大略』より）。これも星図にぴたりとあう。

この図でみると、秦河勝の墓とされる、坂越にある大避神社が北斗七星のα《アルファ》星（もっとも明るい星）の位置になる。そして、**重要なのは、北極星の位置には聖徳太子の斑鳩寺《いかるが》があることだ。**明日香にある斑鳩《いかるが》寺（現法隆寺）が有名だが、こんな播磨の辺境の地にも斑鳩《いかるが》寺がある。

前章で書いたように、北極星は中国名では「天皇大帝」と呼ばれており、天皇とは北極星の

図3―3
(左) 地図上の大避神社の位置
(下) ☆印が、星図上の星の位置、◎が大避神社の位置。地図から離れたところに北極星の位置、斑鳩寺の位置、大倉山山頂を記した。(図版：筆者作製)

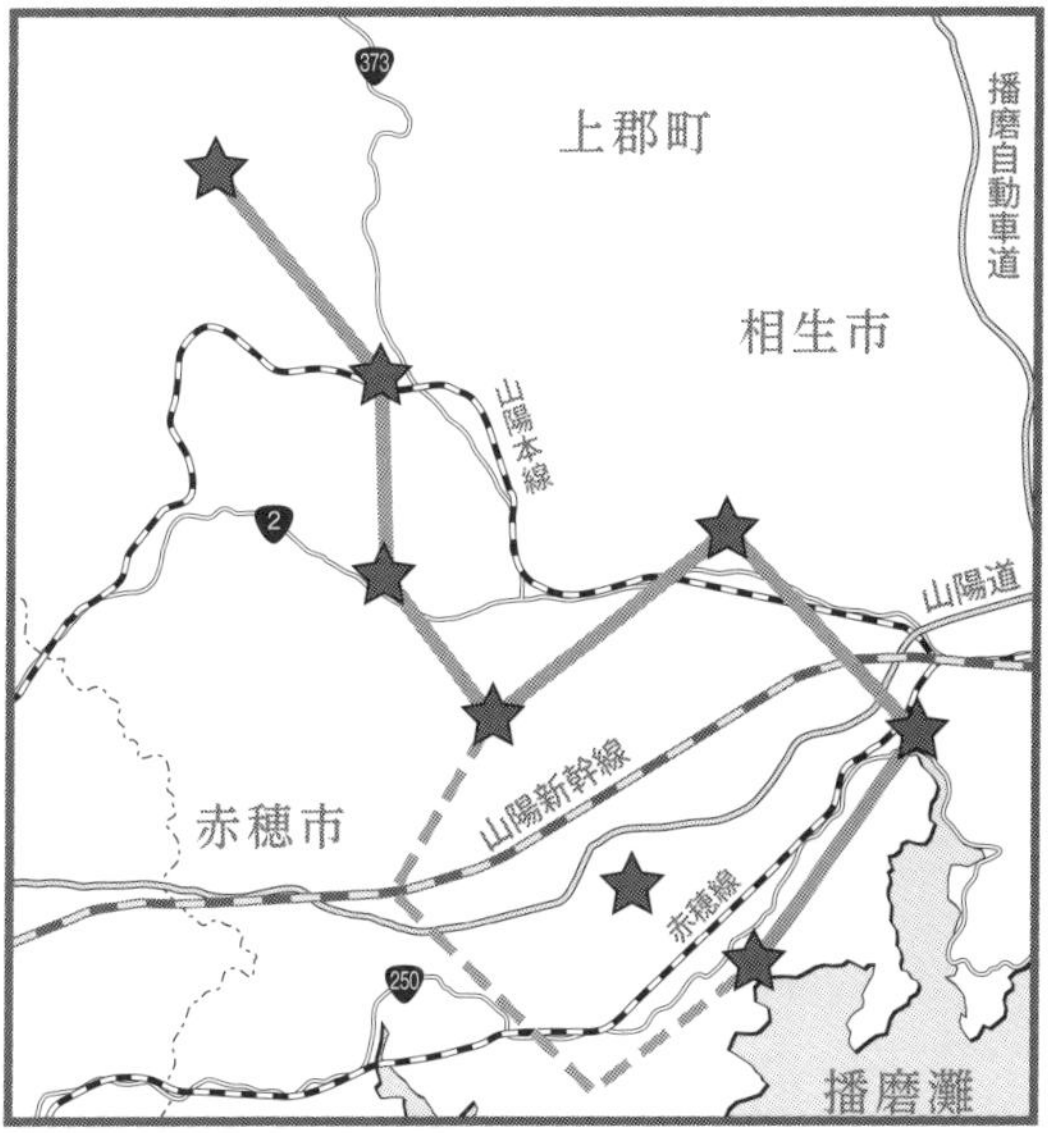


★が星の位置

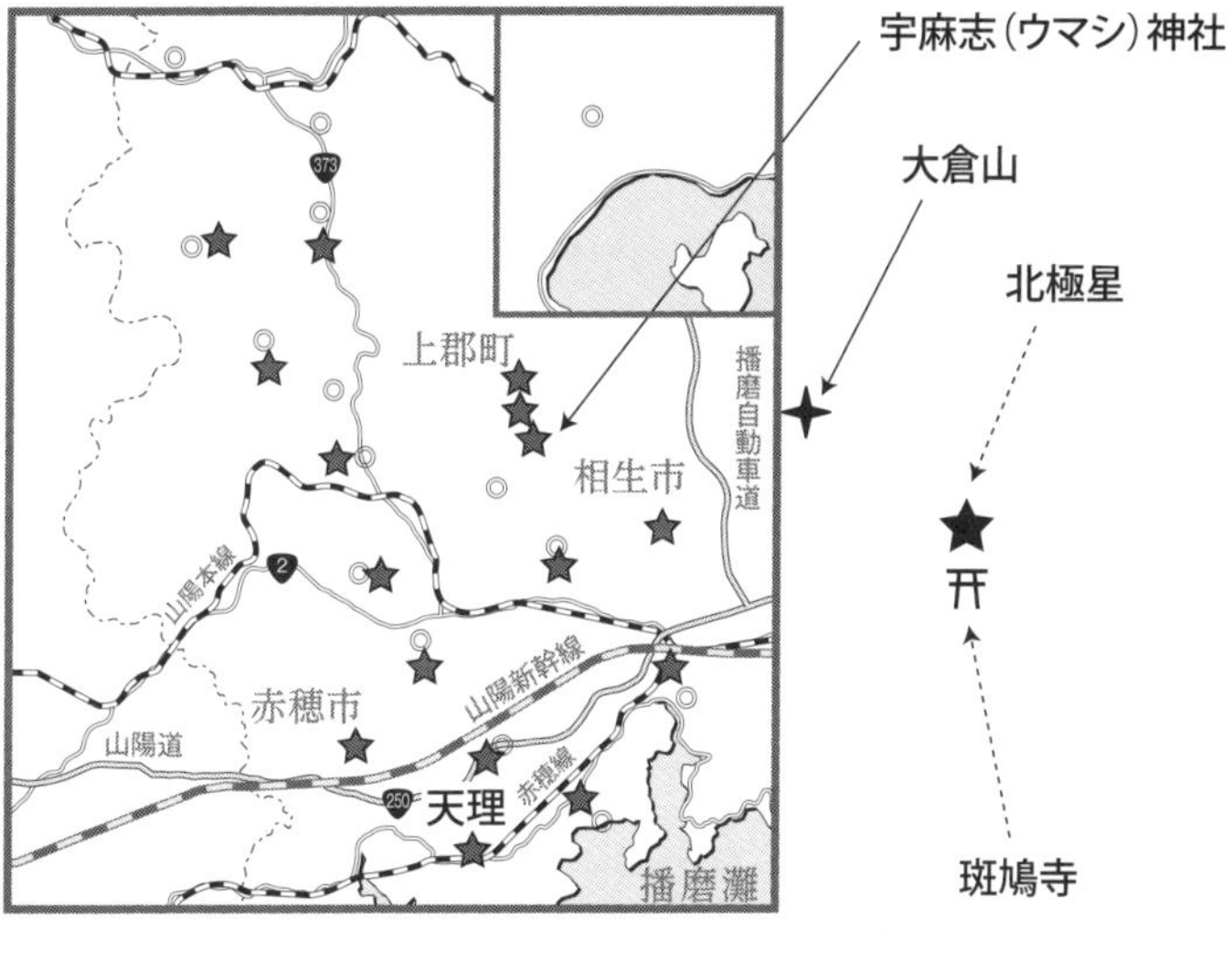

ことだ。また、北斗七星は、その天帝の乗り物であり、家臣をあらわすとされている。秦河勝の墓の位置が北斗七星のα星で、秦河勝は聖徳太子のブレーンといわれている。2人の人間関係が、星の位置関係とうまくあう。偶然にしてはできすぎている。

この大避神社・斑鳩寺、北斗七星・北極星の関係が記された文献は、私の調べた限りない。1200年前の古代日本のダビンチ・コードが、解けたといってもいいかもしれない。

なぜ、北斗七星の2つの星に相当する神社が消えているのかはわからない。桓武天皇は796年に北辰祭禁止令という「北斗七星を拝むのをやめろ」という禁令を出している。これに関係しているのかもしれない。

## 昔の北極星の位置にある大倉山山頂

前章で書いたように、北極星を中心とした北の方の星々を、中国では紫微垣《しびえん》と呼ぶ。この紫微垣で、一番重要なのが北極五星と呼ばれる5つの星だ。それぞれ、太子、帝、庶子、后、天枢と名前がついている。この北極五星の二番目が帝《みかど》という星で、こぐま座のβ星（コカブ）になる。この星は、紀元前1000年頃は北極星だった。このこぐま座のβ星「帝」は、その名の通り、中国の皇帝あるいは天帝を意味する。

図3－4：大倉山の山頂の写真。巨大なイワクラがある。（筆者撮影）

私は、この「帝」の地図上の位置にも、古い神社の跡があるだろうと探してきた。そして、何回か山を散策して見つけたのが、大倉山という地図にもでていない山の山頂だ（図3－4）。

この山の頂には、巨大なイワクラ（大きな岩のこと）がある。また、このまわりを、石を積んだできた石壁がある。半分以上は壊れているが、石の壁でまわりを囲まれている。全体が半径十メートル以上になる大きなものだ。

したがって、大倉山山頂にあるのは、ただの石のかたまりではなく、「イワクラを使った石塔」だ。この石塔こそが、「帝」という星をあらわしていると私は考えている。

## 歴史から大避神社が星の位置にある理由を探る

1つだけ仮説として、こんな西播磨の山中に北斗七星が残る理由を示しておこう。

中国の歴史書である隋書《ずいしょ》の東夷列伝《とういれつでん》の中に、裴世清《はいせいせい》という外交官が瀬戸内海を航行し大阪の難波《なにわ》に上陸している記述がある。その途中、彼は「東に秦王国があった、華夏（中国人）と同じ人がいた」という文章を残している。

この町は、九州の宇佐市あたりにあるというのが定説だ。しかし、瀬戸内海のどこかであるから、先ほど紹介した坂越《さこし》という港町かもしれない。ここに、先ほどいった秦河勝《はたのかわかつ》という人の墓がある。秦河勝は秦氏でいちばん有名な人物だ。

歴史学者の岡田英弘東京大学名誉教授は、この文章は、「秦人《はたびと》の町があった」、「あるいは秦人が話す中国語を話す人々の町があった」と解釈することができると述べている。

日本人は、いろいろな華僑の末裔《まつえい》に分類することができる。たとえば、百済人。彼らは、昔あった、帯方郡《たいほうぐん》という中国の出張所みたいな所にいた、華僑商人の末裔だ。また、漢人《あやびと》、秦人という言い方もあるが、やはりこれも、話す中国語が違うことに由来する。漢人は、帯方郡《たいほうぐん》からきた比較的新しい華僑で、沿岸部の中国語を話していたらしい。**日本史では、これらは普通**

『渡来人』として扱われているが、華僑（oversea Chinese）のほうが世界史の専門用語としては正しいだろう。

そして、秦人《はたびと》は、韓半島の国から移ってきた古い華僑だ。歴史的に見れば、魏志東夷伝《ぎしとういでん》に、秦人の国である「辰韓《しんかん》」（後の新羅国）や「弁辰《べんしん》」（後の加羅国）がでてくる。彼らはそこを経由してきた人々と考えられる。重要なのは秦人の言語で、彼らは中国の陝西省《せんせいしょう》（長安や咸陽あたり）付近の中国語を話していたらしい。

ここから考えると、この大避神社をつくった人々というのは、新羅系の秦人、つまり新羅とのつながりが強く、かつ中国陝西省あたりの中国語を話していた辰韓系統の人々ということになる。北斗信仰・北辰信仰は、彼ら、新羅系の秦人の信仰であったということ、また、秦氏、蘇我氏などは、みな、これら新羅系の秦人か、そのゆかりの人であったということになる。

## 二十四節気が明らかにする日本の古代史

さて、前の章で、天体観測を行い、1年を24にわけること（二十四節気）で、季節を知ることができることを書いてきた。そこで、この二十四節気から日本の古代史を振り返ってみよう。

1968年に、埼玉県行田市にある稲荷山古墳から鉄剣が出土した。その鉄剣に、文字が記されていることが１９７８年に判明した。銘文にある「ワカタケル大王」と日本書紀の雄略天皇の本名「幼武」が一致するため、いわゆる倭《わ》の五王《ごおう》と呼ばれる「讃《さん》、珍《ちん》、済《せい》、興《こう》、武《ぶ》（それぞれ、履中《りちゅう》天皇〈17代〉、反正《はんぜい》天皇〈18代〉、允恭《いんぎょう》天皇〈19代〉、安康《あんこう》天皇〈20代〉、雄略《ゆうりゃく》天皇〈21代〉）」の実在が証明された。

この稲荷山古墳の鉄剣（金錯銘鉄剣《きんさくめいてつけん》）の文字の最初には「辛亥年七月中記」と記されている。ここに「七月中」という文字が見られ、一般的に「7月に」と解釈されている。しかし、これは単に「7月に」という意味ではない。この「中」は、まさに二十四節気そのものだ。『古代史を解く鍵』の中で有坂氏が詳細に説明している。

現在では、二十四節気は春分、秋分などと呼ばれているが、昔は、二十四節気は月に「中《ちゅう》」と「節《せつ》」の2つをつけていた。たとえば、立春は「正月節」、秋分は「八月中」だ。したがって、稲荷山古墳の鉄剣の「七月中」は「処暑《しょしょ》」、現在の8月20日頃になる。

実は、この「七月中」を二十四節気の処暑だとすると、この稲荷山古墳出土鉄剣の意味が明確になる。処暑は、現在のお盆明けの頃で、暑さが落ち着く時期だ。だから現在のお盆（故郷に帰省して祝う）とまったく同様に、一族が揃って祝宴したと想像できるからだ。

つまり、一般には稲荷山古墳の鉄剣は埋葬のためにつくられたと考えられている。本当はそうではないと私は予想する。辛亥《しんがい》の年の一族の祝宴の席に添えるため、この鉄剣を用意してつくらせたのだろう。このときの一族の集まりが華やかになるようにつくった。だから、この鉄剣には一族の名前が金文字で刻まれている。

この「辛亥年」は４７１年か、５３１年かで論争がある。純粋に古墳の形式（つまり、鉄剣が埋葬のためにつくられたと考えれば）からすると５３１年になるそうだ。しかし、祝宴のために鉄剣がつくられたと解釈すれば、５３１年以前、つまり、４７１年と考えておかしくない。

ここでおもしろいのが、現在のお盆と同じ慣習のものが、この5世紀に、「七月中」として、すでに日本にあったと考えられることだ。

前の章で、この二十四節気は、中国の初期道教の人たちにも使われていたと書いた。二十四節気という言葉が使われていたかどうかは確かではないが、少なくとも、1年を24の期間に分割していたことは文献から明らかだ。そして彼らは、この二十四節気で「一月中」、「七月中」、「十月中」の年3回、一族で集まって祝宴をしたことが知られている。これらは上元《じょうげん》・中元《ちゅうげん》・下元《かげん》（あわせて三元）とそれぞれ呼ばれており、現在の中国でも祝《いわ》い日とされている。三元を司《つかさど》る三神を三官大帝《さんかんたいてい》と言い、三元は「天官」「地官」「水官」の誕生日にあたるらしい。夏にお中元を贈るが、お中元は、七月中が中元であることから来ている。

ブリタニカ百科事典（英語版）で、道教（Daoism）を調べると、初期道教で「最も重要な儀式は chu と呼ばれた住民の祝宴であり、1年間の決められたとき（最初と七回目と十回目の月の間）に催された」とある。Chu は実は「中」ではなく、「厨」だ。しかし、発音が同じことと、すべて月の中旬にあることから、最初は「中」だったのだと予想している。だから、一月中、七月中、十月中の頃に3回、そろって祝賀をする風習が、初期道教であったことは間違いない。

**すると、稲荷山古墳の鉄剣文字が示しているのは、初期道教の七月中の祝宴が、すでに5世紀に日本にあったこと、そして、それは仏教の盆の儀式と一体になり、そのまま日本の風習として取り込まれていったということである。**通常考えられるより道教の日本への影響は大きい。あとで詳述する。

さて、さらにおもしろいことがわかる。一月中、七月中、十月中の3つの祝宴がある。七月中はお盆であると考えることができる。では、残りの一月中と十月中は、日本には残っていないのだろうか？

ブリタニカ百科事典によると、初期道教では、「階級社会の入会（"initiation into the hierarchy"）のときにも一族でお祝いをした」とある。現在の入社式や成人式のことだ。成人式は、少し前までは、1月15日だった。これはがまさに「一月中」だ。この成人の日を1月15日にしたのは、全国各地で元服などの儀式をこの日に執り行っていたためとされている。

さらに、「旧暦の10月中旬に、日本の神々が出雲《いずも》に集まる」という言い伝えは、よく知られている。これが「十月中」だろう。
出雲大社では、旧暦10月10日の夜、全国から参集する神々を迎える「神迎祭《かみむかえさい》」が行われる。その後、旧暦10月11日から17日まで「神在祭《かみありさい》」が行われる。さらに、旧暦10月18日には、各地に帰る神々を見送る「神等去出祭《からさでさい》」が出雲大社拝殿である。旧暦の10月に、日本中の神々が出雲に集まるので、10月は神無月《かんなづき》と呼ばれるという説がある。だから、出雲では、逆に10月は「神在月《かみありづき》」と呼ばれている。

実は、この旧暦の10月中旬に、神々が集まる理由はわかっていない。しかし、「十月中の祝宴」と考えれば出雲に全国の神が集まってくる理由が説明できる。**つまり、国内の有力者たちが「十月中」に出雲に集まって、話し合いと祝宴を1週間行っていた、そして、それが出雲大社に伝承として祭りの形で残った、と考えることができるからだ。**ブリタニカ百科事典には、「道教国〈Daocratic、神政政治〈Theocratic〉をもじった洒落《しゃれ》〉は、全体で祝いの儀式を行っていた」という記述がある。神には「権力者や偉い人」という意味がある。道教のお祝い日として、日本中から神（権力者）が集まって祝宴をしていた、ということで納得できる。

道教は日本には入ってこなかったことになっている。しかし、二十四節気と古代道教の風習を調べて、日本の風習と比較するだけで、日本の古代史の実際の姿が見えてくる。

## 日本に入ってきた道教

ブリタニカ百科事典から引用した「道教国（Daocratic）」というのは、実は、専門用語では、祭祀《さいし》同盟（Amphictyonia）と呼ばれるものだ。同じ神や宗教を持った国々がゆるやかな都市連合を組んでいたことをあらわす。古代ギリシャのポリス〈都市国家〉みたいなものだ。中国には、この祭祀同盟があったことが知られている。初期道教では、先述した五斗米道《ごとべいどう》が道教国をつくっていた。

古代日本にも、出雲を中心としてこのような祭祀同盟があったのではないか？

『日本書紀』にも『古事記』にも、そういう記述は当然ない。だから祭祀同盟があったかどうかというより、存在自体が信じられないという人が多いと思う。そこで、「祭祀同盟があった」と考えて日本の歴史を考察してみよう。

日本の歴史で最大の謎は、邪馬台国《やまたいこく》と卑弥呼《ひみこ》だ。この卑弥呼は、「鬼道《きどう》」と呼ばれる怪しげな呪術《じゅじゅつ》を行いながら、倭国の女王として、祀《まつ》りあげられた。邪馬台国の位置はわかっていない。

**この卑弥呼が使っていた呪術の「鬼道《きどう》」とは、実は前述した初期道教である五斗米道《ごとべいどう》の神の**

**ことだ。**さきほどの歴史学者の岡田英弘東京大学名誉教授が『日本史の誕生』の中で、はっきりと述べた。魏志倭人伝《ぎしわじんでん》は、『魏志（中国の歴史書の『三国志』のうち、魏の国に関する史実を記した部分）』にある東夷《とうい》伝の倭人《わじん》（昔、中国人などが日本人を呼んだ称）に関する記事の通称だ。『三国志』を編集した、**西晋の歴史家の陳寿《ちんじゅ》は、『三国志』の中で東夷伝以外でも「鬼道」という言葉を使っており、それがまさに五斗米道を意味している。**

**すると古代日本に祭祀同盟（Amphictyonia）があったとすれば、まさに、卑弥呼はこの五斗米道の祭主であったということになる。**

実際の証拠もある。2010年9月に、纒向《まきむく》遺跡で2000個を超す桃の種が見つかった。纒向遺跡は、奈良県桜井市の三輪山西側に広がる3〜4世紀の大規模集落遺跡で、卑弥呼の墓との説がある箸墓《はしはか》古墳がそばにある。見つかった桃の種は古代、魔除けなどに使われ、「道教の祭祀に使った後に捨てた」とされている。

そして、「卑弥呼は、道教あるいは五斗米道の祭主である」と仮定すると、卑弥呼がなぜ、倭王として祀《まつ》り上げられたのかという日本古代史最大の謎が解ける。ブリタニカ百科事典の「道教」から引用する。

Only when a responsible ruler was lacking were the celestial masters to take over the temporal guidance of the people and hold the supreme power in trust for a new incumbent.

**王（a responsible ruler　責任のある支配者）がいないときに限って祭主（the celestial masters）が人々を導き、新しい王の最高権力を一時的に預かる（in trust）。**

（ブリタニカ百科事典、Daoism より）

「王がいないときに限って祭主が人々を導き、新しい王の最高権力を一時的に預かる」とはっきりと書いてある。つまり、倭国大乱《わこくたいらん》と呼ばれる動乱が2世紀後半に日本内に起こった。その争乱が長引いて新しい倭王が決まらなかった。**そこで、「慣例に従って」祭主の卑弥呼を王にして国が治まったということになる。**

**逆に、卑弥呼という女性祭主が、倭王の決まらないときに倭の女王に選ばれたという歴史的事実は、この祭祀同盟（Amphictyonia）が存在したことの1つの証明になっている。**

このように倭国には、「鬼道」を共通の神とする祭祀同盟があった。そう考えれば、すべてがつながる。

## 女王卑弥呼の正体

さて、それでは、この卑弥呼とは誰なのか？

**彼女は五斗米道の祭主である。そこから考えると、五斗米道創始者の張陵《ちょうりょう》から2代後の張《ちょう》魯《ろ》の姉か妹なのではないかというのが私の推測だ。**卑弥呼の時代がちょうど、この3代目張魯の時代になるからだ。

この張魯は三国志演義でもでてくる。曹操の配下になる前、張魯は母や弟が劉璋という武将に殺されている。だから、張魯は一族をどこかに避難させたかった、それが倭であり、逃げてきた張魯の家族の1人が卑弥呼だったのではないかというのが私の考えだ。

一方の倭にも五斗米道の「祭主」を受け入れたい状況にあったと予想している。図3－5に示したのは、最近明らかになった日本全体の化学図で、濃いところは鉄が多くあるところをあらわす。図からすぐに、出雲、吉備、大和、伊勢という古代繁栄した地域が、鉄の産地だったことがわかる。五斗米道が広がった四川省付近も、山がちな所で、古い鉱山がたくさんある。

つまり、日本に道教が普及したということは、中国の鉱山開拓者が、中国の内陸部から日本に金・銀・銅・鉄などの鉱物資源を取りに来ていて、その際に、自分たちの宗教であった五斗米

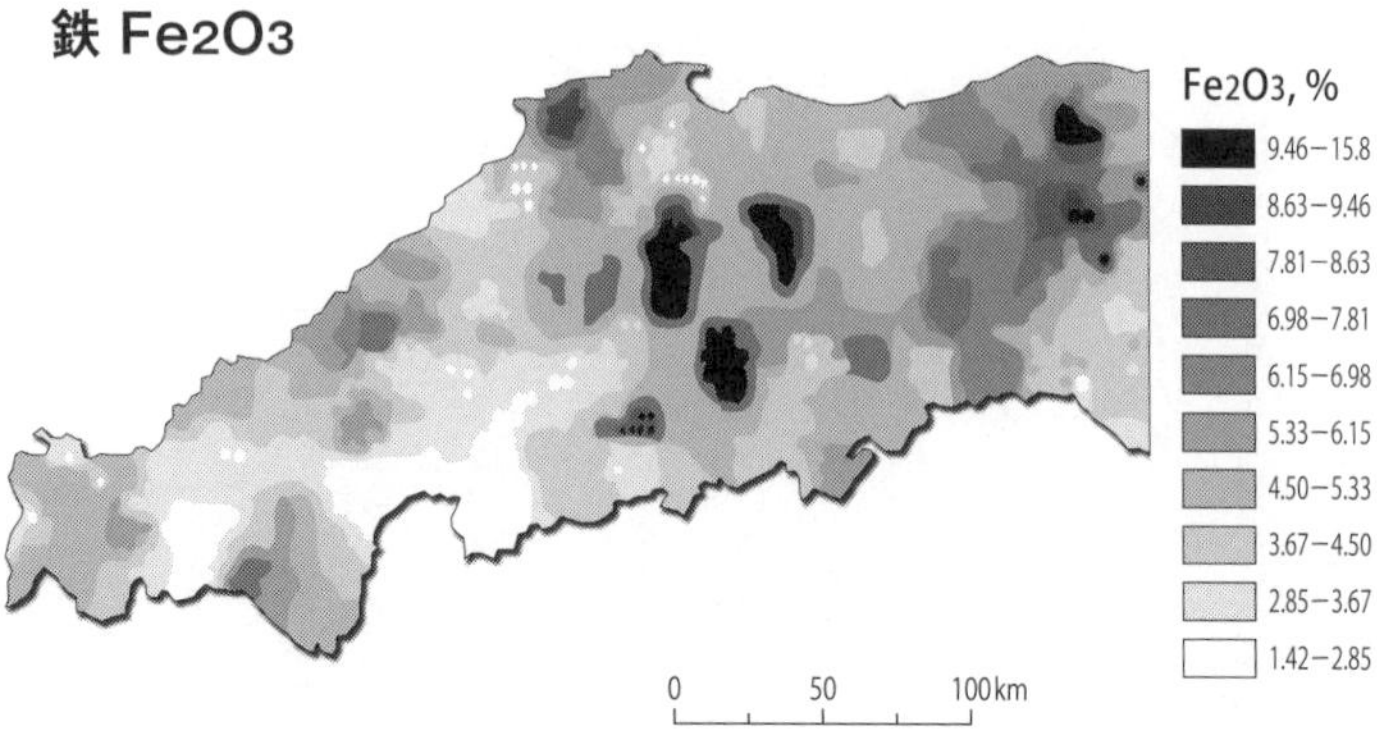


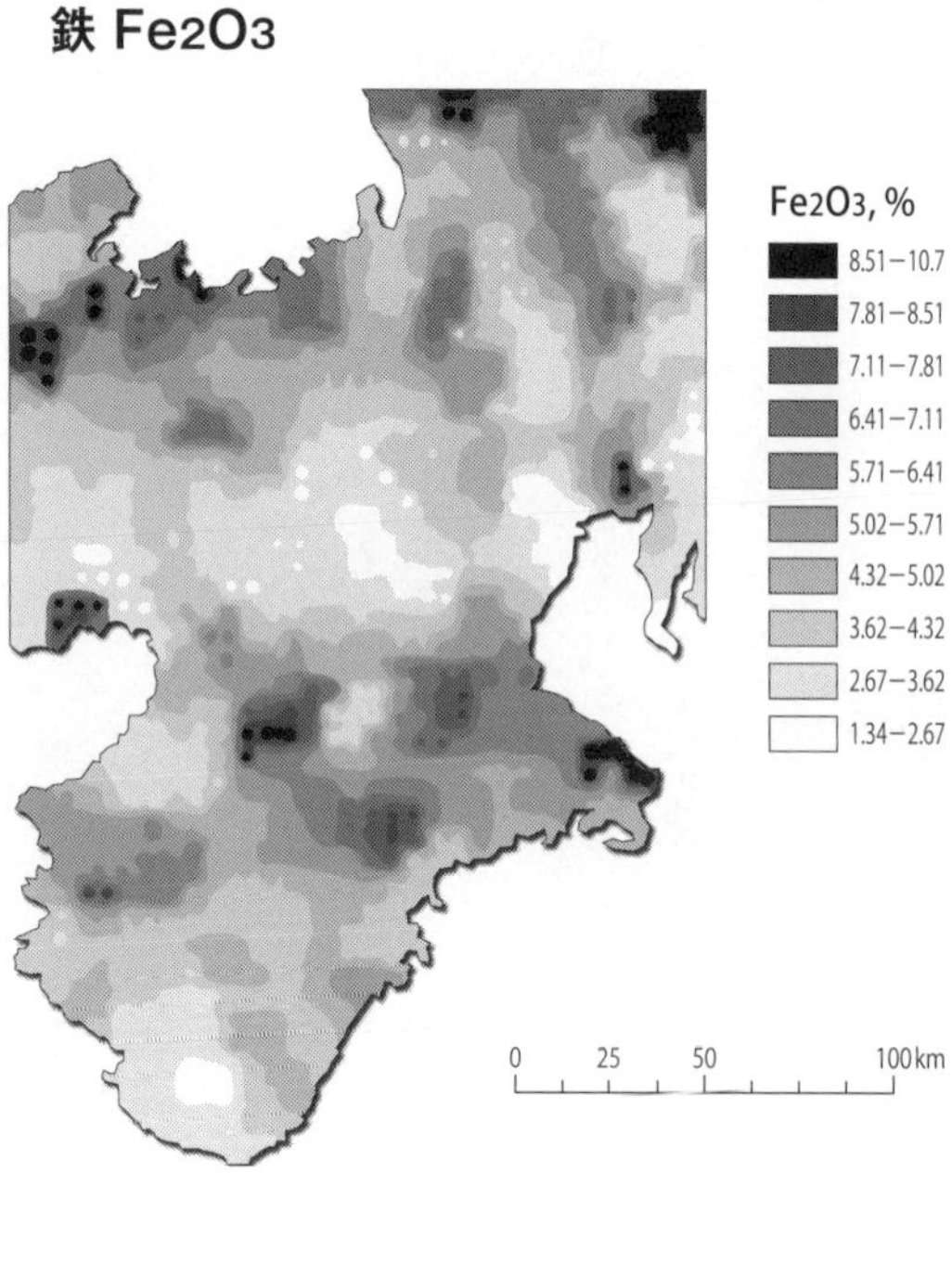


図3—5：中国地方および近畿地方の酸化鉄の分布。出雲、吉備、大和、伊勢など古代史ゆかりの場所はすべて鉄の豊富な場所だったことがよくわかる。（出典：「地球化学図」産総研地質情報データベース）

道もいっしょに持ってきたということになる。

実は、鉄のとれるところは、金もとれやすい。なぜなら、鉄、金というのは火山とともに地上付近に噴出するからだ。火山国である日本では、当然のごとく金もとれたはずだ。そこで働く鉱山開拓者や鉱山労働者のような人々がたくさんいた。彼らは張魯の姉妹が祭主として、わざわざ来てくれるということで大歓迎であっただろう、というのが私の予想だ。

一見破天荒な考えだ。卑弥呼は中国人だったということになるからだ。しかし、傍証が1つだけある。あの有名な魏志倭人伝には、卑弥呼の使者が破格の扱いをうけ、西の大国大月氏国以上の待遇を受けたという話がある。どう考えても小国の倭の待遇が大きすぎる。ところが、卑弥呼が張魯の姉・妹となると話がちがう。実は張魯の娘は魏の皇帝曹操の息子曹宇に嫁いでいるからだ。つまり、**卑弥呼が張魯の姉妹とすれば、彼女は皇帝の外戚になる。**当然、大国並みの待遇を受けられるというわけだ。

## 道教国家・日本

道教は日本には入ってこなかったことになっている。主な理由は道観と呼ばれる道教寺院が日本にはないからだ。しかし、我々が神道と呼んでいるそのものが、道教由来であるとしか見えない。

その証拠が、**「老子想爾注《ろうしそうじちゅう》」という、五斗米道で実際に使われた老子の解釈テキストだ。このテキストの存在は一般にはほとんど知られていない。このテキストは20世紀に初めて敦煌で発見されたからだ。**だから、日本語訳もまだ出版されていない。

ここでは一部を解説した本（『道教の経典を読む』）があるのでそれを引用してみよう。

それと同時に複雑なことには、道を具象化することに「想爾注」は強く反対する。例えば、老子十四章の本文「それらは状《すがた》なき状《すがた》、ものとは見えない象《かたち》と呼ばれる」に、次のように解釈する。

『道は非常に尊いものである。微かであり、よく隠れる。道には状貌《じょうぼう》や形象《けいしょう》はないのである。**ただ道の誡《いまし》めに従えばよいのであって、道を目で見て知ろうとしてはならない。**今の俗世において、ことさらに他とは異なった宗教技法を主張しようとするものは、ある形をさして、これが道であると名前をつけて、服装の色や本名と字《あざな》顔の形、背丈の大小などを作り上げているが、そうしたものを間違っている。どこもよこしまな作り事にすぎない。』

この記述だけでは歴史的にどんな宗派が批判対称とされているのかを特定するのは実は困難だが、道を視覚化する技法への批判が見られる。そうした技法よりも、**道の誡めに従**

って、道の規範に則した行動を取って欲しいという主張が繰りかえされる。このように、道の規範に従って人や社会を変えようという考え方から著述された内容が「想爾注」には一貫して多く見られる。

（『道教の経典を読む』より引用）

ここから、五斗米道の解釈した「道」とは、我々日本人が「道」とか「天道」とか「誠の道」とか呼んでいるものに、非常に近いことがはっきりわかる。

この『老子想爾注』は英訳がある。この英語の本を読んだところ、ここには日本思想と呼ばれているものと同じものがたくさん入っている。日本思想の教典と呼んでもいいものだ。日本には、聖書やコーランに相当する教典あるいは聖典（canon）はないとされてきた。しかし、**この『老子想爾注』こそ、日本の教典だろう**というのが私の考えだ。

実際、道教由来の日本の行事も信じられないほど多い。お守り、山開き、還暦《かんれき》、七草がゆ、禊《みそぎ》（身に罪や穢《けが》れのある者、また神事に従事しようとする者が、川や海の水でからだを洗い清めること）、七夕、端午《たんご》の節句、地鎮祭《じちんさい》、これらはすべてが道教由来だ。

さらに、道教の根本思想が「気（qi）」だ。日本というのは「気の国」で、陽気、陰気、空気、天気、気分、殺気、気が狂う、気が晴れる、気に入る……と、いくらでも気がある。

道教がいかに日本に伝わったのかという説明をする歴史学者はいない。しかし、ここまで書いてきたことを考えれば、この質問の答えは、「卑弥呼の頃に、初期道教として日本に入ってきた」ということになる。**2~3世紀（古墳時代）頃に古代道教が日本に伝わって、それが今でも我々の生活や思考法に大きく関与しているというのが、日本文化を理解する上で、一番正しい見方だと私は考える。**

参考文献
中西用康著、『妙見信仰の史的考察』、相模書房
吉野裕子著、『隠された神々』、人文書院
有坂隆道著、『古代史を解く鍵』、講談社学術文庫
岡田英弘著、『日本史の誕生』、弓立社
岡田英弘著、『倭国の時代』、ちくま文庫
増尾伸一郎、丸山宏著、『道教の経典を読む』、大修館書店

# 第4章

# 金融工学とはどういう学問か

——なぜ儲けることができるのか

ブレーズ・パスカル（1623〜1662）。

彼は「人間は考える葦《あし》である」というセリフで有名な科学者兼哲学者である。「容器内の流体のある点に圧力をくわえると流体中のどの点にも同じ大きさの圧力がつたわる」というパスカルの原理を発見し、同時に、現代の油圧装置の原型である水圧器（hydraulic press）を発明した。また、彼の名前は圧力の単位になっている。1パスカルは、1平方メートルの面積に1ニュートンの力が作用する圧力である。

パスカルは、哲学者でもある。ジャンセニストというカトリック教会の一派を擁護し、ローマ法王の忠実な部下であるイエズス会と激しい論争をした。また、「もし神が存在すれば、存在を信じたものは永遠の人生を得られ信じなかったものは天罰をうける。もし神が存在しなければ、信じたものも信じなかったものもどちらも何も失わない。それゆえ賢い人は神を存在する（神を受け入れる）ほうに賭ける」という内容を『パンセ』に残している。

この文でわかるように、パスカルは実は数学者でもあった。賭けで儲けるにはどうしたらよいかという観点から、確率と期待値の概念を導入し、確率論をつくりあげていった。確率論は、可能性（probabilities）を扱う数学の一分野だ。物理学の統計学と量子力学の基本手法でもある。

この確率論は、現代では経済分野に応用され、「金融工学」という名前で一世を風靡《ふうび》している。

実は、賭けを研究して確率論をつくりあげたパスカルこそが、この金融工学の祖なのである。

ここでは、その金融工学とは一体どういう学問なのかを、理科系の目から見ていく。

## 金融工学という錬金術

「金融工学」についてはデービッド・G・ルーエンバーガーという人が書いた『金融工学入門(Investment Science)』という有名な本がある。これを参考に、金融工学とは何かを見ていく。

金融工学を一言であらわせば、「投資 (investment)」という現時点で行う契約で将来の利益を最大限有利にするためどうしたらよいかということだ。今、手元に100万円あったとする。これを10年後に最大に増やすためには、どうしたらいいのか？

それを、徹底的に研究する学問だ。

しかし、その正体は拍子抜けするほど単純なものだ。**金融工学の本質は、ずばり「正規分布 (normal distribution)」と「相関 (correlation)」の2つだけである。**逆に言えば、この2つがわかれば、金融工学

図4－1　ブレーズ・パスカル

を大まかに理解したことになる。これらは高校の数学で取り上げられている。だから高校の数学で十分内容を理解できることになる。

この金融工学が単純なことは『ウォール街の物理学者』という本の中にもでてくる。理科系にとっては、本当に単純な数学だ。

> 1986年サンタフェ研究所で初めての経済カンファレンスが開かれた。テーマは「複雑系としての国際金融」だ。〈中略〉
> **銀行の人間が自分たちの使っているモデルの説明をすると、そこにいた科学者たちはあっけにとられた。あまりにも単純すぎるモデルだったからだ。**一方、銀行の人間たちは、科学者の話に未来の呼び声を聞いたような気分になった。ただし、科学者が何を言っているのかは、さっぱりわからなかった。
> （『ウォール街の物理学者』より引用）

右の「正規分布」というのは、釣り鐘型の関数のことである。左の図にその曲線を示した。図4－2の中にσ《シグマ》という分布の幅をあらわす文字がある。物理学では「標準偏差」と呼ばれている。高校受験・大学受験のときにでてきた偏差値も同じもので、こちらは中心が50、σを10であらわしている。金融工学では、このσを「ボラティリティ」と呼ぶが、本質的に同じもの

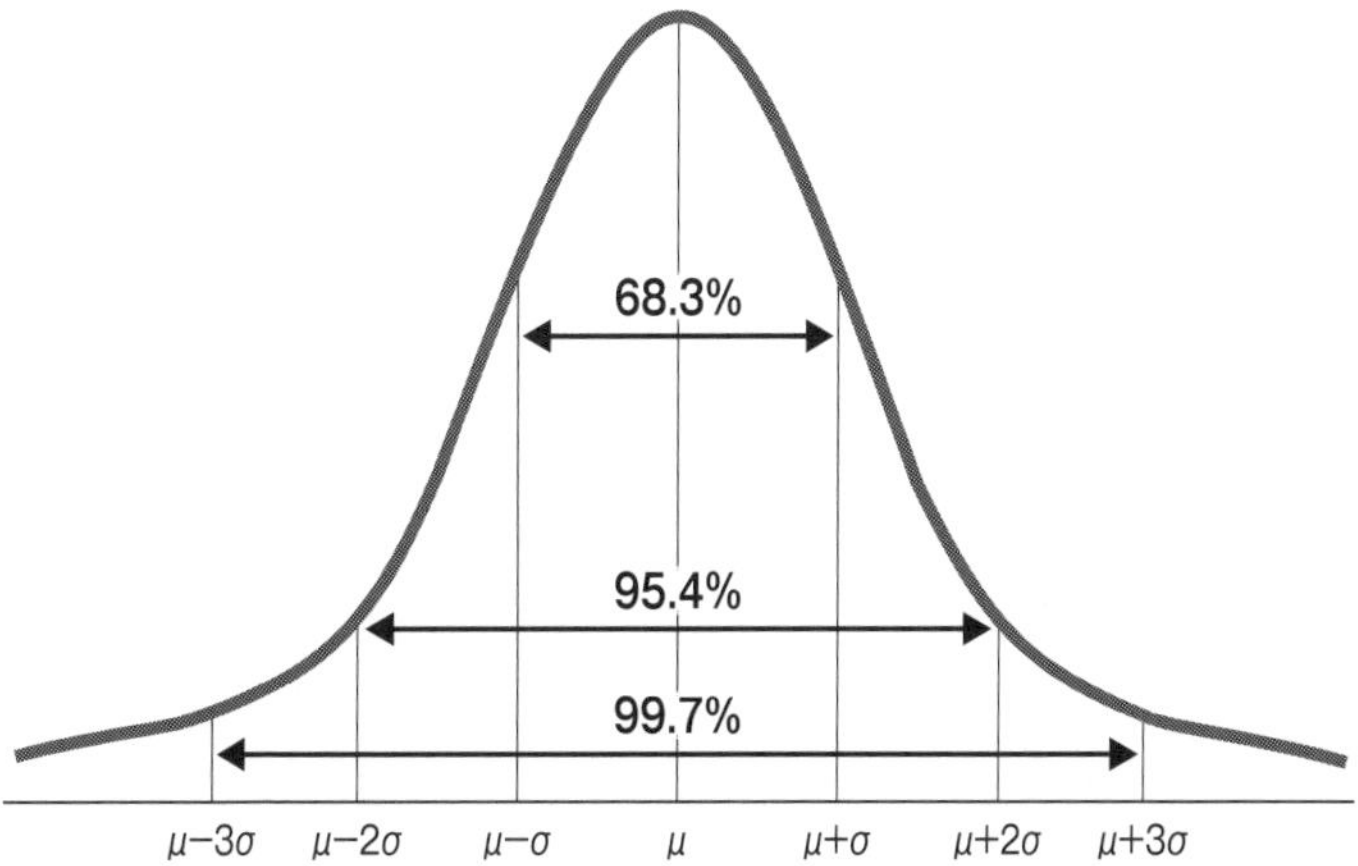


図４－２：正規分布。分布の幅をσであらわし、σは標準偏差と呼ばれる。分散の平方根として数学的には求められる。図のように、２σの中に68.3%が、４σの中に95.4%が入る。

だ。中心の値は平均値で、金融工学ではこれは時間と共にわずかに増加するので「平均収益率」としてあらわされる。

金融工学はこの正規分布を基本にしている。たとえば株のようなある金融証券があるとする。この株価はつねに変動し、値の上下を繰り返す。しかし、経済全体が成長しているとすると、変動があったとしても、長い目で見れば買った値段に対して上昇している。この、ある期間あたりの利益の平均が、「平均収益率」だ。

しかし、短期間では、値が大きく上がったり下がったり変動する。この変動する大きさをσ（標準偏差、ボラティリティ）であらわす。大きく変動することは少なく、小さく変動することは多々ある。その結果、どれくらい変動するかを平均収益率を中心として描くと、このような外側があまりない、釣り鐘型の正規分布になる。

「あらゆる証券は時間的には正規分布で変動する」ということを数学的に表現した式が、有名なブラック・ショールズ方程式だ。拡散方程式による広がりとか、ランダムウォークという酔っぱらいの位置の確率とかの物理学で用いられる多くの数式も、同じ構造をしている。時間とともにゆらゆら広がって流体の密度や酔っぱらいの位置が、変動しながら値が上がっていく証券になっただけである。

金融商品はいろいろあるから、値幅など様々な変動の仕方をとり、そのままでは計算が複雑だ。そこで金融工学では扱いやすいように単純化している。ある期間の後に上がるか下がるか、たったの2通りに確率で分ける（3通りの場合もある）。こう計算することで、将来どれくらいの確率でどれだけ利益がでるかが、単純な場合分けとして計算できる。ここから、いわゆる将来の値段（オプション価格という）が簡単に計算できるわけだ。上がる確率が、下がる確率よりわずかに大きいので、将来の値が上がる効果はここに入る。

さて、では、金融工学をつかうと、なぜ儲かるのか？

それは正規分布にはない。正規分布は逆に、そのような儲けはできないことを意味している。

値が上がるのも下がるのも同じ確率だからだ。変動する確率は上も下も一緒だ。

金融工学の儲けの仕組みは、最初に紹介した金融工学の2つの本質のうちのもう1つ、「相関」に他ならない。この「相関」により金融工学は儲け（利益）を生み出している。

「相関」はある2つ事象が変動する場合、どれだけ、同程度あるいは逆に変動するかをあらわすものだ。金融工学では「共分散《きょうぶんさん》（covariance）」という。あらゆる金融商品や金融証券が、どれだけ同程度あるいは逆に変動するかを数値であらわす。同じように変動する場合が「正」、反対に変動する場合は「負」、相関がなく関係なく値が動く場合、「相関がない」、あるいは「無相関」という。新聞の株式欄をみても、同業種の株には明らかに正の相関がある。株と国債などの債券には負の相関があるようだ。

なぜ、「相関」で儲けることができるのか？　正確に言うと儲けがでるのではなく、リスクを小さくできる。

たとえば、極端な次の場合を考えてみる。ある証券の利益率が1年で5％、変動率（σ）が20％だとする。すると1年後には、25％儲かることもあれば、15％の損をすることもある。とても買う気にはなれない証券だ。ちなみに、一般的に、儲けが大きいものは変動率も高い。

ところが、ここで利益率が1年で5％で変動率（σ）が20％の別の証券があったと仮定する。この時、完全に同じように変動すると、意味がない。同じ証券を2つ買うのと同じだ。しかし、ここで、これらの証券が完全に反対に動く（相関率がマイナス1）証券だとしてみよう。すると、この2つの証券を同じだけ買うだけで、変動率がゼロの、必ず5％の利益が得られるリスクフリーの証券に様変わりする。片方の証券が値が下がる分、一方が必ず上がるので、変動分がキャンセルするからだ。

もちろん、こんな簡単ではないし、そうはならない。しかし、様々な証券を組み合わせると、変動率を最小、つまりリスクを最低に持って行くことができる。これが金融工学のマジックだ。よく言う「すべての卵を1つのかごに盛ってはいけない」の格言の数学的証明だ。この配分のことを「ポートフォリオ」という。

## 金融工学の想定外、ファットテイル（fat tail）

さて、では金融工学をつかえば、必ず儲かるのだろうか？

実際の分布を見てみよう。P103に示した図は、『パリティ』という物理雑誌に掲載された、野村ホールディングス株価の収益率だ（図4－3）。どのくらい変動するかをあらわしたグラフとみて構わない。さきほどのσ（標準偏差、ボラティリティ）の変化分を横軸に、どれくらいの確率で変動するかを縦軸にプロットしてある。例えば、「σ＝5」とは、ある時点から、それぞれ1分後、30分後、1日後、1週間後に「σ＝5」変動してずれる確率を、示している。当然、大きな変動は非常に小さい。

さて、この図の中で、点線で示してあるのが、「正規分布」だ。対数表示であるため、正規分布は釣り鐘型になっていないが、中心では、点線に沿って分布しており、ほぼ正規分布になっていることがわかる。普通に表示（線形表示）すれば、釣り鐘型だ。

この図から2つのことが読み取れる。

**1つは、正規分布からはずれたことが起こる確率があるということだ。**長い時間のデータがでていないが、1分間隔のデータだと、裾《すそ》の部分で正規分布からはずれているのがわかる。データの数が多いからだ。正規分布より裾が広がっている。

この裾の厚みをファット・テイル（太った尾）という。つまり、データが少ない場合、正規分布に近いが、データを増やしていくと、ごくたまに、大きな変動を示す場合がある。それを図にすると、裾が盛り上がった形になるのでファット・テイル＝太った尾と呼ばれている。金融工学では「ドラゴン・キング」という愛称《あいしょう》で呼ばれることもある。

よく雑誌や新聞でリーマンショックなど歴史的な金融恐慌を「100年に1度の現象」とか表現している。これは正規分布を仮定しているからで、分布自体が正規分布からはずれ、このように、裾が盛り上がっている場合、予想より頻繁に起こることになる。

このことを、すでに多くの金融工学の専門家は気がついている。しかし、どうやら、金融機関やその関係者は、気がつかないふりをして、正規分布にもとづいて取引しているようだ。そうしないとオプションなどの価格がつかないからだ。しかし、正規分布を仮定していると、分布からはずれるような事態になると「金融恐慌」や「経済ショック」が起きてしまう。想定外あるいは確率的にありえないとして、あらかじめ予防（リスクヘッジという）していないからだ。

このことは、さきほどの「相関」でもあてはまる。「相関」も歴史的な「金融恐慌」が起きたときには、あてにならない。相関が逆なのに、予測を超えていっしょに値を下げる確率がある。たとえば、反相関をもつはずの株と債券が、恐慌時には共に大暴落する可能性がある。そうすると金融工学で最低に抑えていたはずのリスクヘッジが効かず、大損する。

さて、特徴の2つめは、中心から外れたところでは、マイナスのほうがわずかに大きいということだ。よく見ると、右（価格の上昇）と左（価格の低下）では、ほんのわずかだが、非対称だ。左のほうが上にある。図4－3の2つの直線部分だ。

これは、**価格の激しい変動が起きた場合、低下するほうが上昇するより起きやすいことを示している。**特に短期（例えば図の1分間隔のデータ）でこれが顕著にみられる。

このことは非常に重要だ。つまり超短期の売買を繰り返した場合、値上がりよりも値下がりのほうが、わずかながら起きやすいことをこの図はあらわしている。超短期の売買では、下落

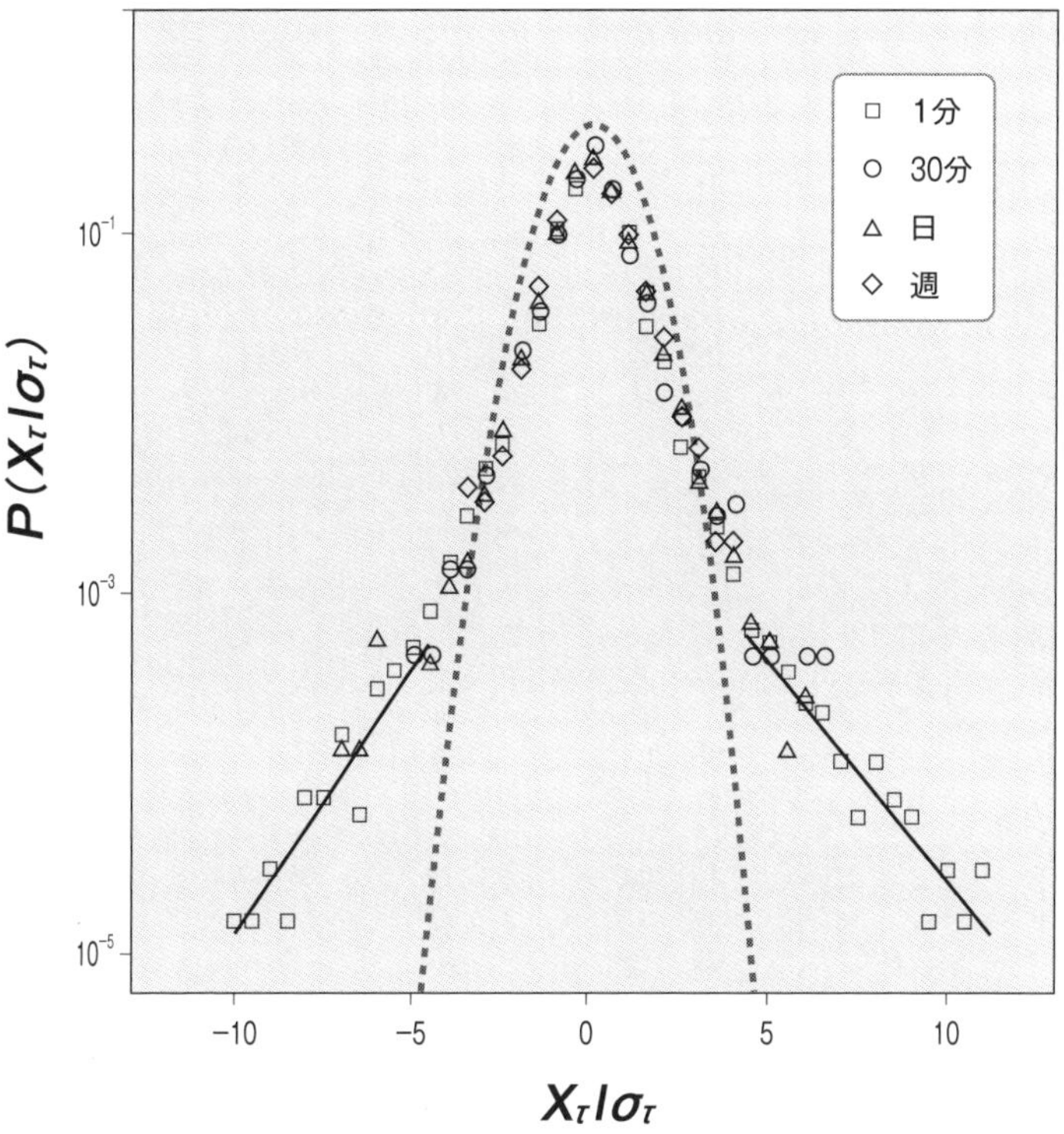


図4－3：野村ホールディングス株の収益率を対数表示であらわしたもの。点線がいわゆる正規分布に相当する。時間の短いときは正規分布からはずれる（ファット・テイル）。また右（価格の上昇）と左（価格の低下）はわずかに非対称である。特に短時間（1分）には価格の低下が上昇より起きやすいことを示している。（出典：増川純一著『株式市場における内生的ダイナミクス』）

しやすいといってもいい。デイトレーダーと呼ばれる人は短期で売買をしている。この図が本当だと、彼らは儲けることができない。短期の繰り返し売買では、わずかながら値が下がるほうが優勢だからだ。

なぜ、このような左右非対称な形になるのだろうか？

これは金融工学では予想されていない人為的な効果だ。私は証券会社の自己売買分門が関与しているのではないかと疑っている。昔から、「まんじゅう」とか「てっぽう」とか呼ばれる自己売買分門が利益を出す方法だ。売注文があった場合、その取引が確定する直前に自己売買を超短期で繰り返し、値を安くしてから買う方法である。わずかだが、安値で買うことができる。

しかし、当然これは違法だ。やっているという証拠もない。

しかし、**これを合法的にやる方法がある。それは超高速トレードを利用する方法だ。**フラッシュ・ボーイズと呼ばれる人たちだ。実際にどのように値を変えて売買するかを『フラッシュ・ボーイズ　10億分の1秒の男たち』という本から引用する。大量の株を購入する場面に、どうしてこういう現象が起きるかのからくりがでている。

あるブローカー―あなたが仲介料を支払う相手―にXYZ社の株を一株二十五ドルで十

万株買うことを依頼する。市場には折よく二十五ドルで十万株分が、一万株ずつ十の異なる取引所で売りに出されていた。それらの取引所はどこも、あなたの代理であるブローカーに対し、手数料を要求する。

しかしほかに百株分が同じく二十五ドルで、BATSに売り出されていた。違うのはBATSがブローカーに報奨金を支払うということだ。この場合、シークエンシャル・コストエフェクティブ・ルーター（筆者注：自動の取引装置のこと）は、まずBATSへ行ってその百株を買う（筆者注：P106図4－4のA取引所）。**するとその動きがきっかけとなり、先の十万株は超高速トレーダーの手中に消えてしまう。超高速トレーダーはすぐさま売りに転じて、XYZ社の株をさっきよりも高値でオファーしてもいいし、ほんの二、三秒だけ手元にとどめて、さらに値をつり上げてもいい。**いずれにせよ、最初にXYZ株を買いたかったあなたにとっては、おもしろくない結果だ。（著者注：最初の二十五ドルで買えないどころか、さらに高い値で、超高速トレーダーから十万株を買わなくてはいけなくなるということ）

（『フラッシュ・ボーイズ　10億分の1秒の男たち』より引用）

大量の買い注文があるブローカーから入ったら、超短期の売買で市場に売りにでている株をすべて買う。そして、値をつりあげてから、その大量の買い注文をしたブローカーに売りつけ

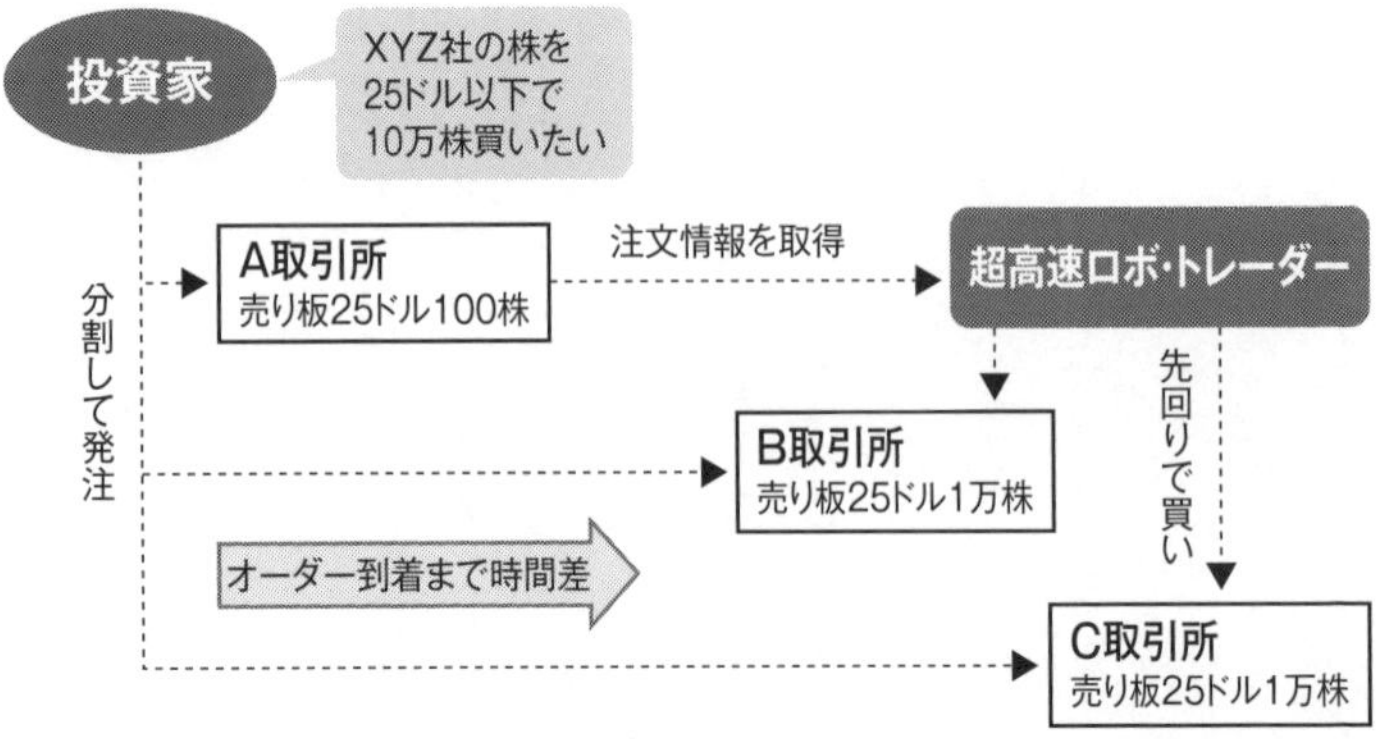


図４－４：高速トレーダーの先回りを図にしたもの。（櫻井豊著『人工知能が金融を支配する日』から引用）A 取引所を BATS Global Markets と呼ばれる電子取引所と考えると引用文と同じスキームとなる。

る。大量の売りがでた場合は、同様の仕組みで事前に空売りして値を下げ、ブローカーから安く買う。あとで値を戻したときに売れば、それで儲けがでることになる。

大量の売り注文のほうが、大量の買い注文よりも多ければ、先ほど見てきた図のような左右非対称になる。

この「大量の売買注文がでたら」というところがみそだ。普通は、その注文はいつ来るかわからない、あるいはわからないことになっている。他者があらかじめ知れば「インサイダー取引」だ。それをいかに知るか。

フラッシュ・ボーイズと呼ばれる取引トレーダーは、マイクロ秒の単位で、それを他よりもはやく察知する。そして、複数の市場で、売買注文のでていた株を数マイクロ秒前に決済し、その後で、この大量の売買を注文したブローカーに自分の好きな値段で売りつける。こうすることで儲けることが可能なのだ。

やっていることは、先ほど紹介した「まんじゅう」とか「てっぽう」とか呼ばれる違法行為と基本的に同じだ。しかし、高速トレードは違法にはならない。

## 経済物理（econophysics）が予言した2014年1月の株式市場の暴落

最近では、金融に工学だけでなく（金融工学）、物理学が入ってきた。「経済物理、econophysics」という。

左に、『ウォール街の物理学者』本の中の「ドラゴン・キングの足音」という章から、一部を引用する。ソネットという人が市場の暴落をデーターから予言する場面である。

1997年の、夏の終わりのことだった。ソネットは数年前からこの研究にとりくんでいたが、いまやっているジャンルに当てはめるのはこれが初めてだった。十分に時間をかけて、大量の過去データを精査した。大きな出来事が起こる前にはかならず、同じ特徴的なパターンが現れていた。グラフは波打ち、しだいに波の間隔が縮まってくる。揺れはど

んどん細かくなり、その先の一点に集まろうとしている。臨界点だ。〈中略〉

ソネットはルドワに、自分がいま発見したことを話してみた。データのパターンによれば、何か重大な出来事が起ころうとしている。世界を揺るがすような出来事だ。でもそれは、地震や天災ではない。大惨事を迎えようとしているのは、世界の金融市場だ。ソネットはそれが起こる時期まで特定していた。10月の終わり、ほんの2カ月ほど先の話だ。〈中略〉

そしてついに、それは起こった。1997年10月27日月曜日、ダウジョーンズ工業平均株価は554ポイントの下落を記録した。1日の下落幅としては史上6番目に大きい数字だ。

（『ウォール街の物理学者』より引用）

この引用した文章の中で名前のでている「ソネット」という人は、ETH（エーテーハー、スイス連邦工科大学）の教授のディディエ・ソネット（Didier Sornette）のことだ。もともとは材料科学や地球物理の研究者だった。現在は「経済物理」の専門家だ。様々な破壊現象とその兆候に興味を持ち、右のように金融の暴落に関しても予測を試みている。上海総合指数（SSE）の暴落も予告して当てたようだ。

この引用した文章の「大きな出来事が起こる前にはかならず、同じ特徴的なパターンが現れていた。グラフは波打ち、しだいに波の間隔が縮まってくる。揺れはどんどん細かくなり、その先の一点に集まろうとしている」というグラフに、私はすごく興味があった。

あるとき、ネットのウエッブ上でそれを発見した。2014年1月の頃の、S&P500株価指数だ。ソネットではなく、John P. Hussmanという人がつくった図である（P110図4－5）。確かに波の間隔が縮まって、揺れはどんどん細かくなっている。これを「ソネット・バブル」と彼は呼んでいた。

臨界点による暴落の時期も予告されていた。暴落が予告された臨界点は2014年の1月だった。ちなみに、同じ頃、日経平均も同じように波の間隔が縮まって揺れはどんどん細かくなっていた。

しかし、実際には大暴落は起きなかった。

下落はあったが、それは徐々に下がるもので、リーマンショックのような瞬間的な大暴落ではなかった。ほぼ同時期にFRBや日銀の量的緩和が行われている。この影響により暴落がただの下落になったのだと私は考えている。つまり、この予言では人為的な効果があると実現しないことになる。

この本の読者には、このような物理による数学的予言という新しい試みがあることを知っていただきたい。

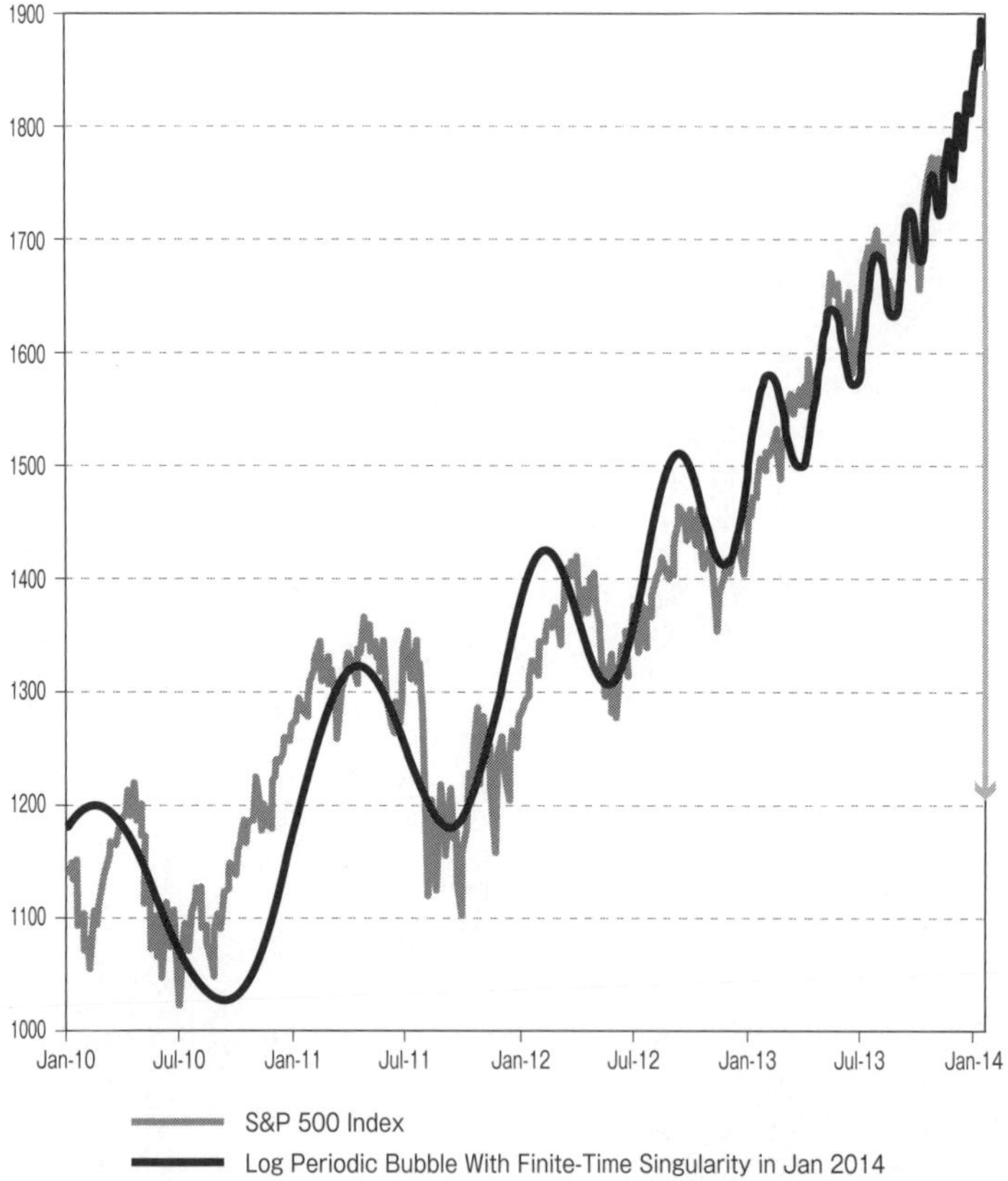


図４－５：John P. Hussman がつくったソネット・バブルの図。

## 20世紀は数学が世界を席巻《せっけん》していた時代である

以上、金融工学や金融物理をみてきた。

金融工学とは、数学あるいは確率によって儲けあるいは利潤を最大化しようという試みであること、だから、賭けを研究して確率論をつくりあげたパスカルこそが金融工学の祖であることがわかっていただけたと思う。

だが実際は、パスカルだけではない。金融工学の背後にあるのは、いかに金儲けをするかという、利子を肯定するユダヤ人の思想がべったりとくっついている。「金儲けこそが善」という現代思想だ。これを徹底的に数学的に追求してできたものが金融工学である。

私はこのように、あらゆる物事を数学で計算して判断する考え方を「数学原理主義」と勝手に呼んでいる。そして、このような数学原理主義は、経済学（金融工学）だけでなく、あらゆる学問分野に広がっている。

この数学原理主義は、第5章で紹介したエルンスト・マッハが先駆けとなる人定主義者（positivists）によるものだ。特にオーギュスト・コント（Augste Comte　1798～1857）という人物が重要だ。コントはフランスの人定主義（×実定主義と訳されているが、本当は実際証明主義、人間がものごとを決定する）の哲学者で、社会学の創始者と言われている。人定主義は知識の対象を経験的事実に限る。そして、この経験的事実に基づいて理論や仮設、命題を検証する。神のような超越的なものの存在を認めない。近代学問（サイエンス）のメソドロジー（土台学）である。

コントはすべての基本を数学に置いた。だから、以後、様々な分野で数学的な思考形態が中心になってきた。

この数学原理主義のことを、むずかしい言葉で「ratio（ラチオ）」とも言う。私の先生である副島隆彦氏が命名した。ratio とは比率とか割合を意味する英単語だ。ラテン語では ratio は、理性という意味で、英語では「reason」にあたる。また、ラテン語の ratio には、計算・割合・考慮・分別・道理という意味もある。英語の rational（合理的・合利的）の語源でもある。

実際に、この数学原理主義と呼んでもいいような ratio《ラチオ》がどのように様々な学問分野に適用されているのかを見てみよう。

たとえば生物学だ。数学的に決定される＝ratio《ラチオ》の世界なのだから、生物の進化は合理的（rational）でなければならない。これはチャールズ・ダーウィン（Charles Robert Darwin　1809〜1882）の進化論だ。我々人間そのものが、合理的な選択によって進化して生み出されたという考え方だ。ダーウィン自身は自然選択（自然淘汰）を提唱した。後に、それは「生存においては、どちらが数学的（遺伝学的）に有利か」という計算に発展した。これをネオ・ダーウィニズムという。生物学にも数学が大きく入っているわけだ。

また数学的に決定される＝ratio《ラチオ》の世界なのだから、人間の行動原理と人間同士のつながりは、すべてrational（合理的、合利的〈金儲け〉）になる。さらに言うと、人間が合理的に、ものごとを追求することは、すばらしいことだ。これはヘーゲル（ゲオルク・ヴィルヘルム・フリードリヒ・ヘーゲル、Georg Wilhelm Friedrich Hegel　1770〜1831）の言う「現実的なものは合理的であり、合理的なものは現実的である」という格言そのものだ。

さらに言えば、数学的に決定される＝ratio《ラチオ》の世界なのだから、それを語る言語もラチオ（＝論理、logic）であらわされなければならない。そこで、20世紀に、言語自身をラチオにすることが論理実証主義（logical positivism）として試みられた。これは、言語を数学と同じ論理体系にしようという試みだった。しかし、数学の論理体系自体に矛盾があるので（ゲーデルの不完全性定理）、実際はうまくいかなかった。もし、うまくいっていたら、本当に我々の現代社会はラチオ＝数学原理主義になっていただろう。「ゲーデルの不完全性定理」という、一見わけのわからない定理が高く評価されている理由がここにある。

そして、現在、数学的に決定される＝ratio《ラチオ》の世界なのだから、「経済は人為的に数学を使って自由自在に制御できる」という思想が広がっている。これが「量的緩和」と呼ばれる世界中の中央銀行がやっていることだ。「人為的にお金の量を増やすことで不況さえも抜け出すことができる」という考え方だ。

きっと、後世の歴史家は「20世紀は数学が世界を席巻《せっけん》していた時代である」と述べるだろうと私は考えている。

参考文献


ピーター・アトキンス著、『ガリレオの指』早川書房
デービッド・G・ルーエンバーガー著、『金融工学入門』日本経済新聞出版社
ジェイムズ・オーウェン・ウェザーオール著、『ウォール街の物理学者』早川書房
マイケル・ルイス著、『フラッシュ・ボーイズ　10億分の1秒の男たち』文藝春秋
増川純一著、『株式市場における内生的ダイナミクス』パリティ Vol. 27 2012 6月号 P.35.

# 第5章

# 現代物理学は本当に正しいのか？

――副島隆彦氏との対談

前著『物理学者が解き明かす重大事件の真相』(ビジネス社)の中で評判がよかったのが、「現代物理学は本当に正しいのか? ―正しさの判定基準は、物理学の体系との整合性にある―」という第7章だ。

この中で私はマッハの科学哲学を取り上げた。そして、このマッハの科学哲学を思考の指標として、現代物理は数学的に証明されていること、基礎物理法則に間違いがあると全体の正当性があやしくなってくることを詳細に紹介した。

ここでは、『物理学者が解き明かす重大事件の真相』のこの文章のために、すでに副島隆彦氏と対談したものをここに載せる。この他にも、前著『物理学者が解き明かす重大事件の真相』で取り上げたいくつかの事件を、副島隆彦氏が独自の視点で取り上げている。

特筆すべきことは、副島隆彦氏の知識・見識が、これでもかと披露されていることである。副島隆彦氏こそが、日本人の中で誰よりも、現在の世界の最先端の知識・学問を正確に理解している人物である。

最後にでてくる「『**実在は感覚のところで証明されなければいけないんだ**』**という言い方をしたマッハの闘い方は、今でもものすごく重要だ**」ということばに注目してください。

## 物理学とはどのような分野に分かれるのか？

**副島** まず、下條《げじょう》くんが、物理学者として何をやっているかをお聞きしたい。

**下條** はい。私は兵庫県立大学の理学部というところで物理化学という学問を教えています。よく聞かれるのは、一体、「物理化学」というのはどういう学問なのか？ 物理なのか化学なのか？ コウモリみたいな分野なのか？ ということです。おもしろいのは、生物物理化学という学問もあります。これも、一体、生物なのか、物理なのか、化学なのか？ これをやると生物も物理も化学も全部わかるのか？ など、名前だけでは、その分野の意味がわからないことがよくあります。

実は、生物物理化学というのは化学です。で、物理化学も実際は物理じゃなくて化学なわけです。これは英語にすると理解できて、英語にすると生物物理化学は physical bio-chemistry で、物理化学は physical chemistry です。だから chemistry（化学）なわけですね。で、頭のところに physical がつきます。日本語にすると「物理」なのですが、ちゃんと訳すなら「物理学的」です。だから、物理学的な手法を使った化学ということです。

化学というのは何かというと、物質の性質を明らかにするという学問（サイエンス）です。

だから、細かく定義すると、「物理学的な手法を使って物質の性質、状態を明らかにする学問」を物理化学といいます。生物物理化学も同様に、「物理学的な手法を使って『生体内の（bio-）』物質の性質、状態を明らかにする学問」のことです。

私はこの物理化学を大学で教えていて、で、実際には大学院とかに行った学生には光、エックス線とかを使ってこの物質がどういうふうに反応しているかとか、そういうことを調べています。

**副島**　でも、本籍は物理学なんでしょう。物理学と呼ばれている学問のうちの20とかの分野があるうちの1つなの？

**下條**　そうですね。『パリティ』という物理雑誌が、物理学のトピックスを紹介するときに分野分けをしています。そのときは、宇宙・天体物理、それから素粒子物理、原子分子物理、量子エレクトロニクス、流体力学プラズマ物理、物性物理、原子核物理、生物物理になります。私の分野は、そのうちの原子分子物理という分野に入ります。

**副島**　物理学者は、理論屋さんというのと実験屋さんというのに2つに分かれているでしょう。これは数からいうと半々ぐらいなんですか。

**下條**　まあ半々ですね。ただ、やっぱり世の中の趨勢《すうせい》というものがあって、昔は理論が少なくて実験のほうが多かったんですが、今はだんだん理論家のほうが増えていると思います。コンピュータの性能、計算速度と演算速度がよくなっているのが大きいです。コンピュータで何でも計算できるようになって、しかもそれが研究室のワークステーションでできるようになってからは理論の人が大分ふえていると思います。

**副島**　理論というのは紙と鉛筆だけで私はいいように思う。それに対して実験屋さん系は何だか高額な巨大な設備があるように見えるんだけど。

**下條**　はい、そのとおりです。ただし今は紙と鉛筆じゃなくて、コンピュータ（ワークステーション）1台で計算するという感じです。

**副島**　だけど、実験屋さんであるあなたでも、理論まで理解して理論屋さんと共同作業とかできるんでしょ。

**下條**　はい、一緒にします。たとえば、こういう実験をしてこんなデータが出たから、あなたの方法で計算して再現してほしいとか、このグラフにあるこのピークはどうして出たのか解釈してほしいとか、そんな形で共同研究しています。

## 現代物理学は正しいのか

**副島**　あなたの『物理学者が解き明かす重大事件の真相』を読んでわかったことは、宇宙物理学における大きな勢力というか、主流派であるビッグバン理論で、それの元《もと》の理論が相対性理論と宇宙方程式でアインシュタインがつくったものです。これらは数学的には証明されている。しかし、実際に、直接観測された証拠はない。このことが、『物理学者が解き明かす重大事件の真相』に書かれたので私はびっくりしている。もう1回この辺を簡潔に。

**下條**　そうですね。たとえばビッグバンですけど、ビッグバンは見ることはできないんですよ。だって、130億年前の現象ですからね、だから誰も見ることもできない。じゃあどうやってあったというのを証明しようと思ったら、それが残した跡というか、それが残した証拠みたいなものを観測する、そして間接的に証明する、それしか方法がないわけです。

その証拠はいろいろあって、たとえば赤方偏移（red-shift）と呼ばれるものがあって、遠くの物質を見ると、その物質が光を発しているわけですけど、それが動いているとドップラー効果が起きる。すると、波長がずれて、波長が長くなるわけです。可視光では、赤が波長の長いほう、青が波長の短いほうですから、波長が長くなる現象を「赤方偏移」とよぶわけです。

そうすると、その偏移からどれくらいのスピードで動いているかがわかるわけですが、それはみんな地球から遠くへ遠くへと離れている。どんどん、どんどん天体が離れていく。ということは、逆に時をさかのぼって、つまり130億年さかのぼれば、ある一点に集束して、昔はある一点だったんだろう。昔、爆発があって宇宙が広がりはじめた、つまりビッグバンがあったのだと推測できます。数学的にもそういうことが証明できるわけです。
でもこれは間接証明なのであって、それが本当にそうなのかというのはわからない。たとえば、「光が空間を伝わるときに徐々に波長が変わる」みたいな実験事実がもし発見されたら、「赤方偏移《レッド・シフト》」は全然証拠にならないわけです。だから本当に証明されているかというのはわからない。穴があるかもしれない。どうして証明されたことになっているかというと、現在の持っている物理学の知識全体から判断して、そういうことが起きただろうということは言える。全体の中では矛盾はないわけです。
しかし、新しい物理現象、新しい物理理論が出てきたときには、恐ろしいことにそれは全部壊れてしまうかもしれない。
**副島**　ほんとに壊れてしまうんですか?
**下條**　ほんとに壊れると思いますよ。たとえば光速度一定という法則がありますけど、光速度一定が壊れたら、つまり「光速度やプランク定数は、時代によってわずかながら変化する」などということがもし発見されたとしたら、いろんなことが全部ちゃぶ台をひっくり返したみたいに新しくなると思います。
**副島**　いつごろそれが起こりそうなんですか。私たちが生きている間はない?
**下條**　ほぼないです、ないです、ないです。100年単位ですね。100年、200年先じゃないですか。

**副島**　下條くんの前著『物理学者が解き明かす重大事件の真相』の中で、日本原爆の父である仁科芳雄《にしなよしお》教授の生涯が人物論としてでてきます。仁科芳雄がいた1925年のデンマークのコペンハーゲン大学にニールス・ボーアという大変すばらしい物理学者がいて、その人の研究室に当時世界最高級の頭脳が結集していた。そこでまさしく1925年に量子力学という学問が誕生した。

私らみたいな雑駁《ざっぱく》な知識しかない文科系人間でも、量子力学と相対性理論が大きく闘っているんだというぐらいはわかる。そして量子力学（量子論）というのは微視的な世界、微量の小さな物質の、もうちょっと言うと素粒子の世界のことを勉強した人たちだ。それに対して相対性理論とか相対論というのは巨大な宇宙の話ですね。巨大なものと、微視的な超小さな物質の世界の2つは大きくは同じことなんですか。

**下條**　大学にいたときに大学院の先輩、この方は有名な物理学者の息子さんでしたが、彼に言われたことは、相対性理論と量子力学というのはすごく仲が悪いというか、両立させるのがなかなか難しいということです。具体的にどこが悪いのか教えてもらえませんでしたが、相対性理論を量子力学に入れる、逆に量子力学を相対性理論に入れるというのはなかなか大変らしいです。

2つは一応くっついていて、たとえば、電子のスピンというのは量子力学の中の相対性理論の効果であるということは証明されていて、2つとも両立しているように我々実験家には見えるんです。しかし、統一しようとするとなかなか大変だということを聞いたことがあります。

**副島**　私の勝手なこの20年間ぐらいの思いつきで言うと、相対論をつくったアインシュタインというのは大変な食わせものので、何かこう、人類にとって宇宙というものの謎はもう解けました、みたいなことを言った人のように見える。彼はとんでもない大風呂敷人間だと思っていま

仁科芳雄

（にしな・よしお）1890年12月6日生まれ。日本の物理学者。岡山県浅口郡里庄町浜中出身。日本に量子力学の拠点をつくることにつくし、宇宙線関係、加速器関係の研究で業績をあげた。日本の現代物理学の父である。1951年1月10日没。死去から4年後の1955年、原子物理学とその応用分野の振興を目的として仁科記念財団が設立された。この財団では毎年、原子物理学とその応用に関して著しい業績を上げた研究者に仁科記念賞を授与している。（写真：『仁科芳雄書簡集』より）

す。私は相対性理論なんかわかるわけありませんが、ローレンツ変換と等価原理とかを2つ合わせて勝手につくっただけだという説もある。

それに対して量子力学のほうは、うそつきじゃない。正直者だ。自分たちの限界を最初からはっきりわかっていて、恐らく「わかったことだけしかわからない」という真面目な人たちの世界なんじゃないかと今でも思っている。

仁科芳雄《にしなよしお》はこのコペンハーゲン大学の研究所に行って量子力学をきわめた人です。ボーア、ハイゼンベルク、パウリ、クラインとかの偉い人たちと一緒に勉強していたわけです。世界の最先端にいた人です。ところが、この超微視的な世界のことをやった人たちが、簡単に言えば核兵器をつくるという形で現実世界の人類の歴史の中に加わっていった。まあ、これは人類の歴史がたどった道です。

アインシュタインだってアメリカに逃げて亡命してプリンストン高等研究所にいたわけですが、このときに核兵器の開発を上から観察して、顧問みたいにして大きく助言する立場にあった。それだけの権威と能力があった。ところで相対論の系統の人たちも原爆開発に直接、参加しているんですか。

**下條**　ちょっとよくわからないんですけど、たとえばリチャード・ファインマン（Richard Phillips Feynman）という人がいますね。有名な物理学の教科書を書いた人です。このファイマンが原爆の開発に大きく携わっていたというのはよく知られた事実です。そして本人が自伝で書いているのですが、彼が何をやっていたかというと、とにかく一生懸命計算していたんですね。数学ができたから計算していた。だから量子力学とか相対性理論ができた云々《うんぬん》よりも、要するに彼らはめちゃくちゃ高い計算能力があった。その辺が買われてマンハッタン計画に参加したのだろうというのが私の考えです。こういう爆弾をつくったら、どの程度の破壊力があるのか。爆縮《ばくしゅく》させるためには、時間のずれはどのくらいの範囲内でなければならないかとか。

**副島**　フォン・ノイマンも参加していますね。研究所長みたいな人たちなんですよね。まあオッペンハイマー博士よりちょっと前の人たちです。ハンガリー人なのね、みんな。

リチャード・ファイマン

（Richard Phillips Feynman）1918年5月11日生まれ。アメリカの物理学者。経路積分や、素粒子の反応を図示化したファインマン・ダイアグラムの発案でも知られる。1965年、量子電磁力学の発展に大きく寄与したことにより、ジュリアン・S・シュウィンガーや朝永振一郎とともにノーベル物理学賞を共同受賞した。カリフォルニア工科大学時代の講義内容をもとにした物理学の教科書『ファインマン物理学』は、世界中で高い評価を受けた。1988年2月15日没。（写真：wikipedia）

**下條**　ハンガリーユダヤ人ですね。

**副島**　そう、ハンガリー系ユダヤ人で。で、ウィーンに行って、ウィーン学団《ブント》というかオーストリア学派《シューレ》でもあるんです、彼らは。

## エルンスト・マッハの科学哲学

**副島**　あと、あなたの『物理学者が解き明かす重大事件の真相』の中にでてくる重要な人物で、エルンスト・マッハという人がいます。このマッハこそは、このオーストリア学派の華《はな》というか最高級の人物だと私は思っています。彼のことは、私は思想家《フィロソファー》のハイデガーとの関係で割と昔から知っています。ハイデガーの先生は、フライブルク大学のフッサールという人で、『ヨーロッパ諸学の危機と超越論的現象学』と『イデーン』という本を書いている。

この人たちは当時同じような感覚をしていたのだろうと思います。**一言で言えば、20世紀に入ってこの世界はもうわからない、ということを言い出している。**もうちょっとはっきり言うとオーストリア学派は、文学者でいうと代表はフランツ・カフカです。**発狂している人たちだ、と私には見える。20世紀初頭というか19世紀終わりのヨーロッパ人というのは発狂寸前だったと。人間とは何者で、ヨーロッパ文明はここまでつくったけど、このあとはどこに向かうんだ、**

**ということで死ぬほど苦しんだんです。**そのときの苦しみが現代学問《モダンサイエンス》のほとんどの源泉になっている。それ以前の古い学問とはまったく違う。ものすごい危機感をもっている。

ですから、エルンスト・マッハの弟子が、恐らく数学でいえばゲーデルでもあるし、アインシュタイン自身もマッハの弟子ですよ。経済学で、超天才であるジョン・メイナード・ケインズだってイギリス人だけどオーストリア学派の影響が強いと言われている。あとに出てくる大したやつじゃないけど、カール・ポパーとか、それからマイケル・ポランニーというような男たちもいる。こんなのもやっぱりウィーン学団を経由しています。

現代学問、この学問《サイエンス》をスシャンス、スキエンザというんだけど、英語で言えばサイエンスで

エルンスト・マッハ

(Ernst Waldfried Josef Wenzel Mach)
1838年2月18日生まれ。オーストリアの物理学者、科学史家、哲学者。現チェコのモラヴィア出身のモラヴィア・ドイツ人である。ウィーン大学で学んだ。グラーツ大学の教授（数学、物理学担当）、プラハ大学の教授（実験物理学担当）の職を経験した後、1895年にウィーン大学教授として招聘された。ウィーン大学では新設された「機能的科学の歴史と理論」という講座を担当した。1901年にオーストリア貴族院議員に選出されたのを機に、ウィーン大学を退職。1916年2月19日没。（写真：wikipedia）

すが、私は近代学問と訳すようにしています。下條君たちはあくまで物理学のところで見ているわけですから、あんまり大きく話を広げちゃいけないので、あなたの観点から見ると、元に戻ってエルンスト・マッハについて簡潔に言うとどう見えますか。

**下條**　20世紀初頭に物理学がどうだったかというと、もう物理学は全部やり尽くしている。やることがもうないやという状況だったらしい。量子力学を勉強すると、最初のところに必ずそういう文章が出てきます。もう機械論で全部説明できるので、物理学がやることはもうないと。

**副島**　機械論って何ですか。

**下條**　要するにニュートン方程式などの運動方程式のことです。これが起きるとこれが起きて、さらにこれが起きると次はこうなる。これが全部、方程式で書ける。だから、もしすべての運動方程式と初期条件が立てられて、それが解ければ、すべて何が起こるか予言できますよ、みたいな考えです。

そういう煮詰まった状況で出てきたのが量子力学です。ミクロの世界では、予想もしなかった、まったく新しいことが起こっているぞ、ということだと思います。

エルンスト・マッハが偉いというのは、彼はそういうほうに行かないで、科学《サイエンス》によってすべてが解明できるというのではなくて、科学というのは人間がある物理現象を理解するときに必要な道具にすぎないのであって、科学ですべてが明らかになるとか、科学で世界の未来が予測できるとか、そういうことを考えなかった。

**科学というのは常に人間が思考するときに使うもの、人間に従属する道具にすぎないとマッハは言った。**科学で出てくる数学の式が、そのまま存在するとか、そんなことはないんだというのをはっきりと言った。このことがすばらしいんだと思います。

**副島**　そのとおりです。数学の式がそのまま世界の存在と一致している、ということはない。一言で言うとマッハは感覚実在論です。人間の五感というかセンスというんだけど、眼耳鼻舌《げんにびぜつ》身意《しんい》ですからね。舌ざわりと皮膚の感覚と目で見ることと耳で聞くこと、あと、鼻でにおいを嗅ぐこととか、こういう五感を中心に、知覚できるもの以外は信じないと言った。そういう人ですから恐るべき人物でね。

これはまた繰り返しになりますけれど、当時あった議論は、たとえ人類、及び地球上にいる生命体が全部滅んでしまっても、それでも宇宙は実在する、だった。**この天体、holy body《ホウリー・ボディ》（または heavenly body《ヘヴンリー・ボディ》）というんだけど、この宇宙の中の星々である天体は存在して、星の運行というのは永遠に続いてるんだ、という言い方をしていた。それに対して、エルンスト・マッハが「そんなことはわかるもんか」と言った。人類、人間が滅んでしまえば、もう世界はどうなっているかなんかわかるもんか、という言葉を言った。これをウラジミール・レーニンに対して言ったんです。**だから、これがものすごいことであって。だから私はエルンスト・マッハをものすごく尊敬している人です。ズバ抜けた頭をしている人です。廣松渉《ひろまつわたる》がこの翻訳をやりました。

そうすると数学的に証明されたとか、宇宙は、あるいは物質の構造も、数学で証明された。それは大変すばらしい、と言ってノーベル賞のもらいっこみたいなことをしています。しかし、それが世界《ワールド》（宇宙《スペイス》）の実在とか存在している、この世界や宇宙そのものの証明にはなってない。まだできてないはずだ、という考えも、あなたの本の中の主張の一番大きいところだと考えていいのかしら。


**下條**　まあそうなんですけど。一筋縄ではいかなくて。私を含めて多くの科学者は、「自然」(nature) という言葉をつかって、日頃、これを表現しています。つまり、「自然はこうなっているんだ」「自然はこの数式であらわせるんだ」と言うわけですね。ガリレオのことばです。

ところが、こういう言い方はみんなに嫌われると思いますが、**実際は、それは「自然という名前の神様がいる」というのと同じことなんです。もっとはっきり言えば、昔の人が「神様（天）」と言っていたのと脳の中の使い方がまったく同じ**だと思うんですよ。ただそれを「自然」と言い換えているだけで。

同様に、「この世界はすべて数式で表現できる」ということを信じている人たちは、「数学」という神様がいて、そういう数学の神様がこの世界を支配していると信じている。非常によく似ているんですよ。本人たちは多分認めないと思いますけど。

そして、その「数学」という神様を信じるか信じないか問題というのが、私たち下っ端の研究者にやっぱりあるんです。つまり、この「数学の神様」は簡単には否定できません。毎日毎日実験すると同じ結果が出てくるわけですね。それが数式や数値計算できちんと予言されている。だから、私でもやっぱり「数学という神様がいるのかな」というのを日々、毎日の実験で感じてしまうわけです。

ただし、「数学という神様」を認めちゃうと、今度は目に見えないものでも存在するんだという、そういうことになってしまう。だから、「数式なんて、人間の空想が生み出したただの想像物だ」と、文科系の人ならそう言うと思うんです。が、そう簡単でもない。これは、「**自然界の様々な現象が、数学という人間の思考で表現できるのはなぜか?**」という**最先端の議論で、答えはまだありません。**

マッハが偉いところは、そういう常識的な見方とは違う観点から、もっと上の視点から科学をきちんと定義づけて解決した。「数式というのは道具《インストゥルメント》だよ」とはっきり言ったわけです。そこが偉かったんじゃないかな。これが私の感想です。

**副島**　私は、環境工学と物理学が専門の東大名誉教授の西村肇《にしむらはじめ》先生と電話でよくわーわー話すんだけど、ついに彼が認めてくれたのは、数学というのはやっぱりユダヤ教の教典を読むようなことなのである。いま下條くんが言ったような、数学という神がいて、それに向かってひたすら信じていく行為なんだよ、と西村教授が言ってくれた。私はついに白状してくれたかと実は思っているんです。それまでは西村先生でも絶対にこういう言い方はしなかった。

**下條**　そう、そういう言い方は嫌われますからね。

**副島**　法学部の法律学でもそうなんですよ。法律学を学んで司法試験受けて受かっていくためには、どっぷりつからないとだめなんですよ。**法律学の条文の解釈学**《ヘルメノイティーク》**というのは、法律を疑ったり、そんなものがあっていいのかと言ったらもう成り立たないんですよ。体制と支配の学問ですから。**

それで法学者とか裁判官とか弁護士というのが、ご飯を食べるための学問なんですよ。昔からパンのための学問と言われた。民衆というのはこの法律という刃物で殺されていく、かわいそうなヤギとか羊とか牛みたいなものなんですよ、実はね。このことは絶対言っちゃいけないことになっている。国民や民衆を正義という尺度で助けてあげるための学問だ、みたいなふりをしているけど。本当はうそなんですよ。**恐らくこれと似たような仕組みが理科系にも入っている。**

西村肇教授は学界で異端扱いだけど偉い人で、本当は敬《うやま》わなければいけないんだけど、私はあんまり敬わないで、西村教授も気楽な人だから、大げんかしたりしてずっとやってきました。本当は大変偉い先生なんですけどね。この西村教授が、どんな現象も理化学事典さえあれば数値的に解けると昔言っていました。2011年の3・11の福島原発事故のとき、放出された放射線量を西村先生が即座に独力で自力で正確に算出しました。見事《みごと》でした。日本政府はこれを泥棒して改悪した数値（1000倍、1万倍の多量）で発表した。

それに対して、東大総長、学長までやった、今は三菱総合研究所の理事長の小宮山宏《こみやまひろし》という人がいます。彼は東京電力の監査役もずっとやっていた。小宮山宏氏は、西村肇教授と東大工学部の同じ学科にいた。西村教授が、小宮山宏を教えていたんです。

**下條**　あ、実際に教えていたんですか。

**副島**　うん。11歳下です。そして小宮山宏にすれば、西村教授から「彼はあんまりできなかっ

西村肇東大名誉教授

（にしむら・はじめ）1933年生まれ。日本の化学者、東京大学名誉教授。東京生まれ、満洲育ち。57年東京大学工学部機械工学科卒業。59年同大学院化学工学科修士課程修了。航空宇宙技術研究所勤務。65年工学博士。66年東大工学部化学工学科助教授、80年教授。93年定年退官、名誉教授。2001年『水俣病の科学』で毎日出版文化賞受賞。業界の圧力で公害研究をやめさせられ、遺伝子工学を研究していた時期がある。（写真：『原子力文化』2013年10月号）

たよ」といわれるのが、死ぬほど言われたくない言葉なんですね。

**東大を出た連中というのは、とにかく、頭が悪かったよと言われるのがものすごく死ぬほど嫌なことらしいですよ。**生き方ばっかりが上手で、自分だけ出世すればいい、という人たちだ。西村教授は平気で本当のことを言います。だから嫌われる。西村教授はほんとに冷飯食いで、東大を退官したあと、どこの私立大学にも行けなかった人です。かわいそうな人生を歩んでいる人ですが、大変偉い人なんだ、と私はわかっている。一人一人の理科系の学者の人生も大変だなと思います。

## 科学とは思考を節約するためにある

**副島**　さて、もう少し、下條くんが学生に向かって話すときの、説明としての物理学の世界の話を少ししてください。

**下條**　はい。マッハで有名な言葉に、理論というのは現実を理解するための道具である。それはエコノミカル、すなわち簡潔に、かつ経済的に物事を理解するときに使うものであるという理論を唱えました。

代表的な例を説明させて下さい。

私の物理学の分野でよく使う式に、

「ΔG《デルタジー》＝ΔH《デルタエッチ》－TΔS《ティーデルタエス》」

という、ギブズという人がつくった式があります。これがまさに式によって物理現象を理解する、助けになる、簡潔に物理現象をあらわす式そのものです（137ページ図参照）。

この「ΔG＝ΔH－TΔS」という式が何をあらわしているかというと、反応がどっちに起きるかというのをあらわします。このΔGがゼロより小さい、つまり負になると、反応が起こる。ΔGがゼロより大きい、つまり正になると、反応が起きないか、あるいは逆の反応が起きます。

たとえば、氷が水になるという場合を考えます。基本的に固体（氷）はエネルギーが低くて、液体（水）のほうがエネルギーが高い。つまり、熱を吸熱して氷から水になります。温度の低いときは、熱が少ないからほとんどが氷で、水になれません。このことは「ΔG＝ΔH－TΔS」であらわすと前ページのような図になります。

だから、「ΔG＝ΔH－TΔS」という式そのものは、熱的に安定な氷になりたいという効果（ΔH）と、いろんなところに動ける水になりたい、という効果（TΔS）の、2つの効果があって、それが綱引きをしているわけです。そしてある温度以上大きくなると、ついにいろんなところに動きたい効果＝エントロピー（TΔS）が勝る。この式をみれば、「エントロピーってなんで出てくるかわからない」という理科系の学生なら、「あーそういうことか」と理解できます。

何が言いたいかというと、氷から水になるというのは非常に複雑な過程なのです。いまだによくわかっていません。簡単ではない。ところが、この数式を使ってしまえば、この「ΔGという値がゼロより大きいか小さいか」ですべて説明できてしまう。すべての化学反応で同じことがいえます。

**このことがまさに、「数式を使って思考を節約する」そのものです。式を使うことで、温度が上昇すると溶解するという現象を簡潔に説明できる。**

こういうのはすべての科学分野である。たとえば流体力学では、マッハ自身が定義したマッハ数が有名です。マッハ1を超えると衝撃波ができる、とか、簡単な計算で現象がさっと理解できる。同じ流体力学なら、レイノルズ数というのもあります。レイノルズ数が同じなら、水でも空気でも何でも、同じような流れ、層流とか乱流ですが、そういう似た流れ方になる。だからとても便利な数です。

エンジニアなら、頭の中にこのような式やグラフをいくつか頭にたたき込んでいる。そして、現場で電卓計算して、「きっとこうなる」、「この値だからこうなる」と考察しているんだと思います。**この思考の節約こそが、科学の持つ一番優れた能力であり有意義なところだと思**

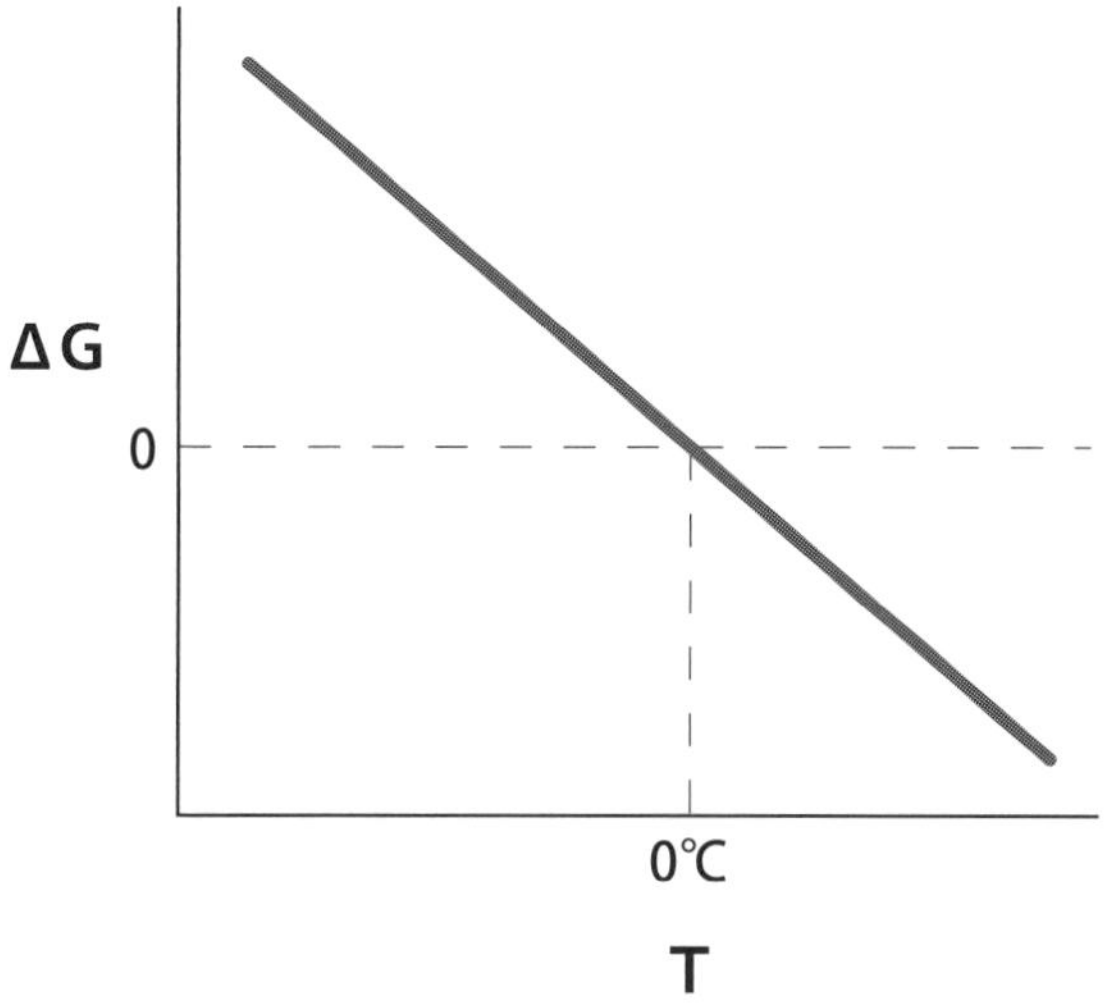


図５－１：氷が水（液体）になる場合、温度Ｔとギブズのエネルギー変化ΔＧの関係を表した図。Ｇは「ギブズの自由エネルギー」、Ｈは「エンタルピー」（熱）、Ｓが有名な「エントロピー（＝乱雑さ）」を、Δ（デルタ）という記号は変化分をあらわす。ΔＧ＞０のとき、「自発的に反応は起こらない」、ΔＧ＜０のとき「自発的に反応が起こる」。
氷（固体）が水（液体）になるという場合、氷のほうがエネルギーが低く、水がエネルギーが高い。つまり、熱を吸熱して氷から水になる。
「ΔＧ＝ΔＨ－ＴΔＳ」という式を見てみると、温度の低いときは、ΔＨがＴΔＳを上回る（ΔＨ＞ＴΔＳ）ので、氷で水にならない。高くなるとＴΔＳが大きくなり、水は自由にうごけるようになり融ける。図では、「０℃以下ではΔＧ＞０なので自発的に氷→水にならない」、「０℃以上ではΔＧ＜０なので自発的に氷→水になる」と解釈する。（図版：筆者作製）

**います。**あまりこのように言われることはないですが。これを最初にはっきり言ったのがマッハです。

**副島**　図にでてきたギブズという人は熱力学の学者ですよね。熱力学だけが、本当に証明されている物理学だと聞いたことがあるんですけれども。

**下條**　そうです。実際に自分で、証明されているというか、たとえば水が沸騰するのは100度だ、はみんなわかる。温度計で見ながら100度になったら、ああ確かに沸騰しているとわかるわけですね。だからマッハ的な言い方で、しっかりと感じることができる、という意味で熱力学は証明されている、というか、実感できるというのが多分正しいと思います。

## 文科系の人間は「一定の条件において」を認めない

**副島**　前著『物理学者が解き明かす重大事件の真相』に、和歌山カレー事件のときにヒ素をカレーの鍋の中に入れた人が他にいるとあなたは書きました。それで、4人ぐらい亡くなった。あのヒ素とかいうものの性質というかそういうこともあなたの専門なのですか。

**下條**　あれは分析ですね。私はやりません。分析とは何をするかというと、たとえば和歌山のカレー事件で分析した先生がいるわけです。何を見たかというと、エックス線を当ててヒ素と一緒に入っている他の重金属や金属を見ています。これらは元素ごとに違う光を出す。それで、どの元素がどれくらい入っているかというのがわかるわけです。ヒ素そのものを見るんじゃなくて、ヒ素と一緒に入っている他の金属がどれくらいの割合で入っているかによって、その由来、どこでとれたか、中国でとれたとかそういうことがわかる。それを調べることができる。

**副島** 犯罪の証明のときに、本当にあの被告人の女性がカレーの鍋の中にヒ素を入れたのかどうかの証明でこのことが重要だったわけですね。

**下條** はい。ただし、犯罪の直接証明はしてないんです。被告人がヒ素を入れたことはまったく証明してなくて、では何を証明したかというと、「カレー内のヒ素は特定の中国産である」

ジョサイア・ギブズ

（Josiah Willard Gibbs）1839年2月11日生まれ。アメリカの数学者・物理学者・物理化学者、イェール大学教授。熱力学分野で熱力学ポテンシャル、化学ポテンシャル概念を導入し、相平衡理論の確立、相律の発見など、今日の化学熱力学の基礎を築いた。統計力学の確立にも大きく貢献した。ギブズ自由エネルギーやギブズ - デュエムの式、ギブズ - ヘルムホルツの式等にその名を残している。 ベクトル解析の創始者の一人として数学にも寄与している。1903年4月28日没。（写真：wikipedia）

ということ、「あのときの被告人が家に保管していたヒ素も同様な中国産だった」ということしか証明してないわけです。

　実は近所にも、この中国産のヒ素がたくさんあった。誰かがそれを被告を含めて配っていたらしい。つまり、その中国産のヒ素を持っていた人がほかにもたくさんいた。だから彼女が犯罪を起こした証明にはなってない。疑いは確かにあるだろうけど、同種のヒ素を持っていたという証明しかしてないんですね。

**副島**　あの林眞須美《ますみ》という女性は最後まで否認したわけですね。自分はやっていない、と。ただ、彼女はこれまでに似たような形で保険金詐欺を繰り返していた、恐らくそれは証明されているんですね、自分の旦那まで殺しかかって保険金を詐取しているわけですから。そういう事実から彼女がやったということにして、もう一件落着で抑え込んでしまった。

　いま下條くんが説明したように、中国産のヒ素が中に入っていて、林眞須美がその中国産のヒ素を自分の家に持っていたと、そのことだけで両方が証明されたとした。

　まさしくそういう、まるで理科系の学者（自然科学者）がやる感じとまったく同じような証明作業を法律学はやるんですよ。ヨーロッパの近代法学では、裁判官《ジャッジ》はまるで実験《エクスペリメント》を実験室（法廷《コート》）でやる感じで、「真実を発見する」という理屈になっている。そのときには、すべての主観や思い込みを排除していくんですよ。有罪であることの証明作業（証拠から真実を組

**み立てる）以外の可能性をすべて排除する。**

**しかし、そのときに学問というのは恐ろしい学問犯罪というのを起こす可能性がいつもある。ただひたすら理論の美しさ（これが数学的証明だ）みたいなところを突き詰める人たちは、自分たちの欠点をもう見ようとしないですよね。そのことの恐ろしさがいろいろと現代にあらわれているという気がします。**

数学的に証明された、ゆえに実在している。ゆえに宇宙はこのように成り立っていて、ゆえにビッグバン理論は正しい、という逆の形の証明をこの人たちはしている。このときマッハが主張した、実在としての素朴な証明は行っていない。ということでいいんでしょうかね。

**下條**　はい。

**副島**　あと、数学的な記述というか、数学的説明というのはそれほど力強いものなんですか。

**下條**　力強いものです。しかも矛盾がないですからね。矛盾があればそこで全部直しますから、「説明できて矛盾がない」ということがやっぱり大きい。アリストテレスの形式論理（formal logic）の3番目ですね、無矛盾律（noncontradiction）です。

たとえば、毒カレー事件のように事件が起きたとき、その原因は、何かあるいは犯人は誰かということを確かめたい。そのとき、実際に、いろんな事実があるわけです。そしてある仮説があって、その仮説で、全部の事実が矛盾のないように説明できるとする。そしたら、その仮説こそが真実であると信じて誰も疑わない。
まさにその論理関係と一緒で、数式で説明して、その数式で矛盾がなければ、それはやはりそうなっているだろうと。見えなくても、そうだろうと判断する。それはまあ普通の人間だったらそう考えるものだなと思います。

**副島**　今の話に関連して、falsifiability（フォールシファイアビリティ）というのがあります。これは「反証可能性《はんしょうかのうせい》」と日本語では訳すけど、私はこの訳語はかなりおかしいと思う。これはトーマス・クーンというアメリカのMIT《エムアイティ》の教授をしていた男がいて、この人が言い出したことです。**このトーマス・クーンは科学史学者でユダヤ人で、ヨーロッパの理科系の学者たちをアメリカに呼ぶ、招く、招聘する係の男でした。**トーマス・クーンは、ある事実を覆《くつがえ》そうとして行われたある実験によって、反対証明が行われなかったならば、その事実やあるいは理論はサイエンスとして正しいのだ、という考え方をしたというふうに理解されている。
しかし、falsifiability《フォールシファイアビリティ》という検証の石（テスト・ストーン）はどうもおかしい。もう1回、トーマス・クーンと、それからカール・ポパーの2人の「科学哲学」（サイエンス・フィロソフィー）は、調べ直さなくてはいけないんだ。何か彼らはね、おかしい。学者、特に理科系の**学者は、自己限定を徹底的にやって、ある極《きわ》めて限定された世界に予《あらかじ》め逃げ込んでおいてから、そこでの証明作業で無矛盾であれば、つまり自分の理論に齟齬《そご》がなければ、それで証明さ**

れたという行動をとる。すでに始めのところからずるいんじゃないかと私は考えているんですがね。どうですか。

**下條**　ええ、そうですね。ＳＴＡＰ細胞が話題になりました。私は生命科学は詳しくないですが、たとえばＳＴＡＰ細胞が、いろんな細胞に分化したことを証明するためには、学問的に何か条件が３つか４つあって、それがすべて実証できれば認める、というふうになっているはずです。これとこれとこれが証明されればＳＴＡＰ細胞が多分化《たぶんか》可能な細胞であると認めるという、必ずそういう形になる。それはまあ学問の伝統か何だかわからないですけど、偉い人が「必ずこういう条件でこうやろう。その条件をクリアしたときには認めよう」という、そういう構造になっているんだと思います。

**副島**　だから下條くんが文科系の人間たちとの言葉遣いの違いで、鋭く気づいたんだけど、理科系の人間たちは、「一定の条件のもとにおいて」という一文を文章の冒頭に必ず入れるんですよね。ある条件のもとに、一定の条件のもとにおいてということ、理科系人間たち同士はもうそこで符牒《ふちょう》が合っちゃって、ある限定された条件のもとで自分たちは話してる、と。そこで無矛盾的に話が通っていけば、それで１つの生産的な会話が成立して、意味のある話になるというふうに考えるんですよ。

ところが、私は、その「一定の条件において」という言葉はやめなさい、と言う。文科系の

**人間はそんなもの認めないんですよ。**ただ、だらだらと漠然と目の前にあるすべてを表現しようとする。徹底的に場面を限定して考えるという作業はしないんです。できないんですよ。できないし、そういう思考をしないですね。「この世界は、こうなっていて、人間というものは」と考える。ただ、文科系だってそれぞれ経済学とか政治学とか法学とか文学（本当は下等学問《リベラル・アーツ》、あるいは人文学《ヒューマニティーズ》）とかに分かれていますから。実はそれぞれの限定があるんですけどね、専門的な議論をするときは。

　理科系は、恐らくその「ある一定の条件において」という言葉で、自らに制限をかけておいて、その枠の中でつまりリングとか土俵の上に上がって、その土俵やリングを前提にした上での証明作業をやる。そうしなければ生産的《プロダクティブ》にならないから、という法則性が働いているんでしょうね。

**下條**　実験というのは必ず条件があって、条件の中でやらないと成り立たないですから。まあそういう伝統があるからそういう会話になるんだと思います。

**副島**　ですから、限定してする作業の厳密さというのは当然なければいけないのですけれども、恐らく数学的証明をやって、**自分たちが体制であり、主流派で、つねに勝っているのだ、と思ってる人たちというのは、恐らく、その土俵の設定を予《あらかじ》め自分たちに都合のいいようにやっているはずなんですよ。体制派、権力側というのはいつもそういうものです。**

もっと言うと、ローマン・カトリック（Roman Catholic）というのが、この地球上で悪い集団なんです。私は60年生きてきて、30年知識人、評論家（言論人）で食べてきて、この巨大な真実に、ようやく4年前（２０１２年）に到達しました。

私自身は、この東アジアのはずれの国に生まれ育ってローマ教会に何の恨《うら》みも憎《にく》しみもありません。しかし欧米の書物（西洋白人の思想）をずっと読んで考えてきましたら、ついに私は大きな結論に到達した。この地上で諸悪の根源はローマン・カトリックだった。彼らは、イエス・キリストという男（人間）を神棚に飾って（祭《まつ》り上げて）、それを世界中の民衆に拝ませて拝跪《はいき》させることで、人間（人類）を支配した。私は、２０１１年に『隠されたヨーロッパの血の歴史』（ＫＫベストセラーズ刊）を書いて出版したときに大きくわかりました。

もうこれ以上、だらだら話せませんが、人類で最も偉大な知識人は、ミケルアンジェロ（芸術家）とモーツァルト（音楽家）とニーチェ（思想家）です。この3人は、生涯を賭けて、ローマン・カトリックの虚偽と闘った。カトリックの僧侶たちは上級ラテン語というのをしゃべるんですよ。ヴァチカン・ラテン語なんだけどね。で、キリスト教の総本山を名乗り、一番悪いキリスト教だ。神について言及しようとするならば、この上級ラテン語ができなければいけない、という言い方をするんです。

排除していくんですよ。ゴッド（God）の問題について、限定が最初に行われて、上級ラテン語ができない人間は、神学《セオロジー》の議論はしてはいけない、という排除を行うんです。理科系の人たちも、それと同じようなことをやると私は思っています。

だからさっきのエルンスト・マッハの偉大さがどうしても出てくる。マッハは道具主義（インストルメンタリズム）だ、とか、プラグマティズムだ、で片づけられているんでしょうね。欧米の科学者たちの世界では。マッハ主義というのは、役に立つ範囲で使えばいいということで自分たち科学者集団を結局はおとしめているように私には見える。しかし、アメリカがヨーロッパを追い抜いて偉大だった時代というのは、まさしくプラグマティズムの時代ですからね。役に立たない議論のためには数式もなければ理論もないんだ、とした。

自分の生活を豊かにするとか、意味のあるものにするためにサイエンスもあるんだ、という決めつけで科学者たち自身が政治権力者（支配者）たちの奴隷に自らなっていったのではないか。マッハを矮小《わいしょう》化したことの天罰だ。ものすごく単純な刃物、〝オッカムの刃《は》（レイザー）〟の手法で言うとこうなります。ローマン・カトリックみたいなのが現在もきっと握っている世界体制の思想を突き崩すというか。勝手に彼らが幻想空間でつくった、自分たちがつくった荘厳な聖堂みたいな、美しく立派にでき上がった相対論とビッグバンの宇宙論のすばらしさとか。それらに対して、「実在は感覚のところで証明されなければいけないんだ」という言い方をしたマッハの闘い方は、今でもものすごく重要だと私は思っています。

# 第6章

# STAP事件の真実

## ——なぜ小保方晴子著『あの日』は陰謀論と呼ばれたか

STAP事件とは、2014年1月、理化学研究所（略称：理研《りけん》）の小保方晴子《おぼかたはるこ》研究員がイギリスの科学誌『ネイチャー』に多能化（いろいろな細胞へと分化できる能力）した、いわゆるSTAP細胞（stimulus-triggered acquisition of pluripotency cells）を発表したことから始まる、一連の騒動のことである。

華々しい記者会見の後、実はSTAP細胞はES細胞ではないかという疑惑が指摘され、その後、2014年7月に、この『ネイチャー』論文が撤回された。理研は検証実験を行い、STAP細胞の再現を試みたが失敗に終わり、ES細胞が混入したと結論付けた。また、小保方氏を指導していた理研CDB（Center for Developmental Biology）副センター長である笹井芳樹氏は自殺してしまった。

事件は終わったかのように見えたが、2016年1月、小保方晴子氏が『あの日』（講談社）という本を出版した。2014年3月以来、STAP細胞を捏造した犯人として自分が扱われた事件を、自分の体験から詳細に説明した本である。本の中では、彼女がいかに貶《おとし》められていったのか赤裸々《せきらら》に描かれていた。

この事件、納得いくかたちでは説明されていない。今のところあるのは「小保方晴子氏がES細胞で捏造した」と「ES細胞が混入した」という2つの説明である。小保方晴子氏は『あの日』で、自分がES細胞を捏造することは不可能であることを懇切丁寧《こんせつていねい》に説明した。関係者はこれに対して誰も反論していない。また、「ES細胞が混入した」という説明では、どのような過程で混入が起こったのかが不明で、理解不可能である。

そこで、この事件が起きた背景を書いておく。これは理科系でいう「モデル論」である。全体像をモデルで示し、それを各事実で証明していく。各事実がうまくパズルのようにあてはまり、納得のいくストーリーとなればそれでいい。これに反する事実がでてくれば、それにあうようにモデルを変更する。

**STAP事件のモデルとは、この背景にあるのはハーバード大学と理研の業績争いだったというものである。**ハーバード大学は、日本のiPS細胞の研究者やマスコミを巻き込んで、自分の業績を確保し、さらに特許も手に入れたというものだ。このような指摘は今までないから、この本を読んでいる読者の方も信じられないと思う。しかし、事実を並べていくと、そう結論できる。

以下、事実を述べていく。

## 業績を奪われ激怒していたハーバード大学バカンティ教授

まず日本のマスコミが絶対に伝えない事実がある。

**それは、ハーバード大学（所属はその付属病院 The Brigham And Women's Hospital）の**

**バカンティ教授は、ＳＴＡＰ騒動が始まる直前、小保方晴子氏、故笹井芳樹氏、若山照彦教授の3人の研究の進め方に対して怒っていたという事実だ。**バカンティ教授とは小保方晴子氏が理研に移る前に所属していたハーバード大学の研究室の教授である。怒っていたというのはやさしい言い方で、本当は怒り狂っていたというほうが正しいだろう。**なぜなら、この3人はバカンティ研の業績を泥棒し、理研の業績としたからだ。**ＳＴＡＰ騒動が始まる直前にこういう状態だったというのがものすごく重要だ。

この事実は２０１６年2月の『ニューヨーカー』という雑誌の記事“THE STRESS TEST：Rivalries, intrigue, and fraud in the world of stem-cell research.”で明らかになった。以下引用する。訳は筆者によるものである。

まず、小保方晴子氏がバカンティ研に大学院生として参加し、その優秀さを示していた頃の話である。

> バカンティ教授が、最もして欲しくなかったことは、外国からの大学院生が故国に帰るときに、別の研究室でこのアイデア（筆者注：ＳＴＡＰ細胞のこと、バカンティ研では spore-like cells〈胞子みたいな細胞、以下、スポア・ライク・セルと記す〉と呼んでいた）を発展させることである。**彼の主な興味は「我々は晴子を信頼できるのか？」だった**

**と、私に教えてくれた。**

〈中略〉

小保方晴子は研究室の教授（director）の夢だった。彼女は幹細胞の研究に狂信的とも思えるほど没頭しながら、様々な領域の分野のハーバードのセミナーに出席する時間を見つけた。実験室ではすべての実験機器と実験法を習得した。実験室の仕事はクッキングであり、実験手順はレシピだった。実験結果のレベルのほとんどは、実験するものの技量にかかっている。**小保方晴子は科学者が「黄金の手」と呼ぶものを備えていた。**

（ニューヨーカーの記事"THE STRESS TEST"から引用）

小保方晴子氏の優秀さがよくわかる文である。他にも、バカンティ研の学生が「小保方晴子より賢い研究者に会ったことはない」と述べたことが書いてある。私は別の本で『小保方晴子氏は天才実験家である』と書いたことがあるが、間違いではなかったことがわかる。

文中に出てくるスポア・ライク・セルは、バカンティ研が発見した細胞である。バカンティ氏は「このスポア・ライク・セルは、ケガなどで失われた組織を再生させる能力をもつ」と主張したが、ほとんど相手にされなかった。それを証明するために、化学工学の優秀な研究者がぜひ欲しかったということだ。それが小保方晴子氏である。

しかし、STAP細胞がマスコミに取り上げられるにつれて状況が変わる。

次に引用するのは、ちょうど理研でSTAP細胞の多能化がキメラマウスにより証明された頃の状況である。

バカンティ教授でさえ、日々の進捗《しんちょく》状況から排除されていた。彼は最新の状況を知ろうと晴子にメールを書いたが、代わりに笹井氏から返事が来た。「晴子はこの2ヵ月ずっと忙しい。私の見たところ、疲れ切っている。そんな状況を理解して彼女が集中しているのを助けて下さい（邪魔しないでください）」

小保方氏が時間を見つけてバカンティ教授に返事を書いたとき、彼女は「With a lot of love（愛をこめて）」と記し、彼女はバカンティ教授の笑顔が見たいことを再確認させ、バカンティ教授を安心させた。

しかし、**論文の発行日が近づくにつれ、彼らとのやりとりの中でバカンティ教授が不吉な前兆と感じていたものが現実となった。笹井氏はバカンティ教授に、「すべてのコンセプトは小保方のおかげである**（seeming to credit Obokata with the entire concept)」**と思えるような書き方をしてきた。**「晴子が見つけた魔法のような呪文《じゅもん》で遺伝ではない系統派生の呪《のろ》いの謎が解けた。あなたの賞賛すべき寛大な指導のおかげで晴子は天賦の才能を開花させ、最高のレベルの研究に発展させた」

**バカンティ教授は怯《おび》え始めた。彼と彼のチームが今世紀最大の科学ストーリーから消されてしまう。ネイチャー誌が記者会見を催し、呼ばれたのが笹井氏と小保方氏だけだったとき、彼は錯乱状態（distraught）になった。「私は（希望を失って）空気が抜けた風船のようだった」と、バカンティ教授は私に言った。**

**STAP騒動が一段落ついたころ、バカンティ教授の恐怖は実際のものとなった。バカンティ教授の名前は小保方氏の物語にはなかった。**ネイチャーのニュースサイトでは、小保方氏がいかにSTAP細胞にいたったかについての彼女の話が記録されていた。アルキメデスのようだったと彼女は述べた。ユウリカ（筆者中：アルキメデスがアルキメデスの原理を発見したときに言った言葉）の瞬間はお風呂に入っていたときで、そのとき彼女は哺乳類の細胞はストレスに対して幹細胞を生成して反応するのではないかと思い始めたと語った。「私は思いつくことをすべてやりました。ピペットを通して細胞を圧縮する、細胞を飢えさせる、などです」。

マーチン・バカンティ（筆者注：バカンティ教授の兄弟）はバカンティ教授に電話した。「チャック、ユウリカの瞬間の彼女の話を聞いたか？」バカンティ教授は聞いていないといった。「彼女は、私が教えたスポア・ライク・セルについてと同じ説明をしていたよ！」

**彼女がネイチャーで語ったのは、実際はマーチン自身が彼女に話したユウリカの話だった。**

（ニューヨーカーの記事『THE STRESS TEST』から引用）

実は、バカンティ教授は、ハーバード大学バカンティ研主導ですべてのＳＴＡＰ細胞実験を行ったことにしたかった。当然だ。すべてのアイデアはバカンティ研から出ている。先ほどの引用文でいえば、「バカンティ教授が最もして欲しくなかったことは、外国からの大学院生が故国に帰るときに別の研究室でこのアイデアを発展させることである」のとおりだ。

たとえば、理研に小保方晴子氏が研究者として滞在しているとき、ハーバード大学は滞在費を捻出し、さらに所属もハーバード大学で、研究は「理研とハーバード大学の共同研究」としている。理研は贅沢な研究費を持っているから、頼めば、小保方晴子氏を研究員として雇《やと》ってもらうこともできただろう。しかし、それでは、実験が成功したときに理研の研究員が実験を成功させた、つまり理研の成果になってしまう。それで、小保方晴子氏の所属はハーバード大学だったわけだ。

それなのに、小保方晴子氏は、バカンティ教授がこうされたら困るなということをしている。**つまり小保方晴子氏が理研に移籍して、ＳＴＡＰ細胞の研究成果はすべて理研のものとなったのである。**

「晴子は信用できるのか?」と最初の引用文にある。その答えは「晴子は信用できなかった」ということだ。小保方晴子氏はハーバード大バカンティ研の最大の発見であるスポア・ライク・セルを独自の方法で発見したことにしてしまった。日本のマスコミではバカンティ教授が小保方晴子氏を信頼していたように書かれているが事実は逆だ。

さらに言えば、小保方晴子氏だけでなく、理研、特に、故笹井芳樹氏はバカンティ教授らがつくったスポア・ライク・セルの成果をすべて持って行ってしまった。スポア・ライク・セルはバカンティ研が10年ほど暖めてきた大事な研究成果である。多くの細胞研究者や生物学者から「愚かな考えである」といわれても、絶対に曲げなかった。その成果がすべて理研の業績となっていく。だから、バカンティ教授は本当に怒っていただろう。

バカンティ教授が、彼らだけでなく、若山照彦教授にも大きな不信感をいだいていた記述は、小保方晴子著『あの日』にはっきりとでてくる。

若山先生はのちに「STAP幹細胞」と名前がつけられる、増殖性の低いスフェアから増殖するように変化させた幹細胞株化の仕事は若山研の研究成果であり、**アメリカの研究室にはなんら権利はないと主張した。実際に、若山先生は、若山先生自身に51%、私に39%、バカンティ先生と小島先生に5%ずつの特許配分を理研の特許部門に提案した。**

〈中略〉

科学研究は新しい発見に対して、最初に発表された論文のシニアオーサーが第一発見者であると認知され、その栄誉を得る。若山先生が提案した、スフェアの論文と若山先生がシニアオーサーになる幹細胞化の論文の同時投稿では、**もともとバカンティ研で始まった研究であるという主張が薄まってしまうために、アメリカの先生たちは強硬に反対しており、私は板挟みとなった。その上、若山先生が51%の特許配分を提示したことを巡り、著者間に不穏な空気が流れるようになった。**

（『あの日』より引用）

小保方晴子氏は「不穏な空気」と軽く書いているが、本当はそんなものではなかっただろう。多分、バカンティ教授は、若山照彦氏と小保方晴子氏の両方に怒鳴りつけるような怒りのメールを出していたはずだ。

理研の3人が、バカンティ研の業績を泥棒しようとしていたかどうかはわからない。理研や小保方晴子氏の立場からすれば、そんなつもりはまったくなかった、むしろ、STAP細胞の業績のほとんどは理研にあると主張するだろう。大きな発見の場合、必ず最初の発見の功績（credit）について争いが発生する。どちらが正しいかは、部外者からはわからない。

しかし、ノーベル賞級の発見であるスポア・ライク・セルが、いつのまにか理研の業績になってしまった。これは事実だ。この本を読んでいる読者は全員、いかさまであれ何であれ、緑色に光る細胞（STAP細胞、ただし多能化は証明されていない）は、小保方晴子氏がはじめてつくったものだと認識しているはずだ。しかしそれはバカンティ研の「スポア・ライク・セル」そのものだった。**そして、その「スポア・ライク・セル」は、理研がつけた「STAP細胞」という新しい名前にいつの間にか変わってしまった。この事実は動かしがたい。**

なお、2014年3月、若山照彦教授は突然方向転換して、STAP細胞捏造説を支持し始めた。小保方晴子氏の『あの日』を読むと、周囲の人間には理解不能の行動だったことがわかる。それが何かはわからないが、私はこの2014年3月、恐ろしい政治圧力が若山照彦教授にかかったと考えている。

## STAP事件に関する異常な世論誘導

マスコミは意図的に小保方晴子氏がES細胞でSTAP細胞を捏造したことにしている。いかに変な報道をしているかに関して、1つだけ取り上げておこう。

次に引用するのは湯之上隆氏という人の文章である。朝日新聞のWEB記事RONZAに

『海外でSTAP細胞論文が発表された』という記事を書いたところ、コラムの執筆陣を降ろされ、訂正のような別記事が即座に掲載されたという内容である。

この湯之上隆氏の文章はすばらしい。マスコミがどうやって世論誘導するかというその方法が、赤裸々《せきらら》に書いてある。『朝日新聞、「海外STAP細胞論文発表」記事の掲載を一旦拒否…何度も執筆者に修正要求』という文章から引用する。

> 私は、7つの媒体で記事を書いている。そのひとつに、朝日新聞の「WEBRONZA（以下、RONZA）」がある。**RONZAもかつては大騒ぎしたが、その後はほとんどSTAP細胞を取り上げない「不自然な」サイトのひとつである。**そこで私はひとつの決意のもと、「米国とドイツでSTAP細胞関連の論文発表　不都合な事実を無視するマスメディア」と題する記事を寄稿してみた。
>
> 〈中略〉
>
> 私は、RONZA用の原稿を7月3日に朝日新聞の担当者に送った。しかし、**このままでは公開できないと担当者からは拒絶された。**数回のやり取りの後、私は担当者に「これ以上の修正を要求するなら、『RONZAでは投稿を拒否された』事実を含めて、どこか別の媒体に投稿する」と告げた。

その結果、担当者から「編集会議で協議する」と連絡が来た。そして7月6日に「(編集会議では)さまざまなコメントが出たが、RONZAが指示する3点を修正すれば公開することにした」旨のメールが届いた。一晩考えた末、RONZAの要求する修正を行い、その原稿を7月10日に送った。RONZAのサイトには、7月13日にアップされた。私の記事は数日間、RONZAのなかでアクセスランキング2~4位辺りを占めていた。割と読まれたということであろう。どんな反応が出るかと思っていたら、次のようなことが起きた。

**7月19日に、私の担当者から「担当編集者を外されることになった」というメールが届いた。**これが、今回の記事が影響した人事なのかどうかは、私にはわからない。

次に同日、突然、粥川準二氏という人がRONZAのライターとして起用された。そして、翌20日、粥川氏による「米・独で発表された『STAP細胞』論文の真実　再現でも検証でもなかったことは日本のメディアで報じられている」という記事がRONZAに掲載された。

この記事は、**「7月13日付でWEBRONZAに掲載された『米国とドイツでSTAP細胞関連の論文発表』(著者は湯之上隆氏)という記事を読んで愕然とした。と同時に、ひどく失望した」という書き出しで始まり、私を名指しで批判した。**また、米独の論文は「S

ＴＡＰ細胞の再現されたことを意味せず」「特許は非最終拒絶という形式で却下された」と論じた。

〈中略〉

このようなタイミングで偶然、粥川氏がライターに登用され、偶然、湯之上批判の記事を書いたとは誰も思わないだろう。**これは、はっきり言えば、朝日新聞の編集部が仕組んだシナリオであろう。大手新聞社がこんなことまでするのかと思うと、心底ウンザリする。**

また、粥川氏の記事にも納得できない。私を含めて世間の多くの人々は、ＳＴＡＰ細胞の専門家ではない。しかし、その行方は気になっていた。なぜならあれだけマスコミが大騒ぎしたからだ。だから、**米独から一見してＳＴＡＰ細胞に関係ありそうな論文が発表されたときに（それがもしＳＴＡＰ現象とは異なるというならば）、その道の専門家が、朝日新聞をはじめとする大手マスコミで、きちんと解説するべきなのだ。それが筋ではないか。**

（湯之上隆著、『朝日新聞、「海外ＳＴＡＰ細胞論文発表」記事の掲載を一旦拒否…何度も執筆者に修正要求』より引用）

朝日新聞の編集部に、このような圧力がかけられる団体というのは、日本にはそんなにない。だから、私の本を手に取るような聡明な読者ならわかっていただけると思うが、これは、ハーバード大が起こした業績と特許の奪い取りである。なぜなら、ハーバード大が本気になれば、日本におけるいろいろな人脈をつかってSTAP事件のような騒ぎはいくらでも起こせるからだ。このハーバード大の日本における人脈のすごさは、古村治彦著『ハーヴァード大学の秘密』（PHP研究所、2014年）に詳しく書いてある。

実際、小保方晴子氏著の『あの日』が出版された後、この本の出版社（講談社）と担当編集者に対するマスコミの攻撃はすごかった。出版社や著者が非難を浴びるというのは、よく目にする。神戸連続児童殺傷事件の犯人である元少年Aが書いた『絶歌』（太田出版、2015年）という本がそうだった。しかし、担当編集者までが責められるのを私ははじめてみた。私が解釈すると、彼らの意図するところは、「**この手の本はつねに〈陰謀論〉として扱うことになっている。それなのに講談社のような大手が出版したら本当のことだと思われてしまう。私たちが困ったことになる。こうしたものを講談社と担当編集者はなぜ本にするのか**」ということだろう。

「陰謀論（conspiracy theory 本当は共同謀議論と訳すべき）」とは米国大統領ジョン・F・ケネディーが暗殺されたときにでてきた言葉である。彼の暗殺は単独犯によるものと結論づけられたが、後に、ジム・ギャリソンという検事によって覆《くつがえ》された。このとき以来、国家機関やマスコミが結論づけた事件に異議をとなえた場合、その意見は「陰謀論」と呼ばれ葬《ほうむ》り去られることに決まっている。STAP事件でも小保方晴子氏を擁護すると「陰謀論」と呼ばれた。

「陰謀論」が真実だと判明すると、まわりの関係者が困ったことになる。実際、『あの日』が出版されたために、毎日新聞記者の須田桃子という人が書いた『捏造の科学者 STAP細胞事件』（文藝春秋）という本は、あっという間に読むに値しない本に成り下がってしまった。『あの日』を読んだ人は、みんな、そう思っただろう。『捏造の科学者』は大宅壮一ノンフィクション賞まで取っているから、著者だけでなく、審査委員も大きなショックを受けたはずだ。

## 再現実験での丹羽仁史副チームリーダーの実験データ

マスコミは小保方晴子氏がES細胞で捏造したことにしている。そういう意味では、小保方晴子氏がつくったとされる緑色に光る細胞が実在しては、ストーリーが崩れて困ることになるわけだ。

だが存在するというたくさんの証言があるし、少なくとも、この細胞が多能性細胞で発現するいくつかの遺伝子を活性化させていることは間違いない。理研の検証実験で、丹羽仁史という副チームリーダーが、小保方晴子氏とは独立に、これを証明している。次ページに示したのがその証拠である（図6－1）。理研のホームページのSTAP細胞検証実験サイトで誰でも閲覧可能である。

**細胞塊毎の定量PCR法による多能性マーカー遺伝子発現解析の例**

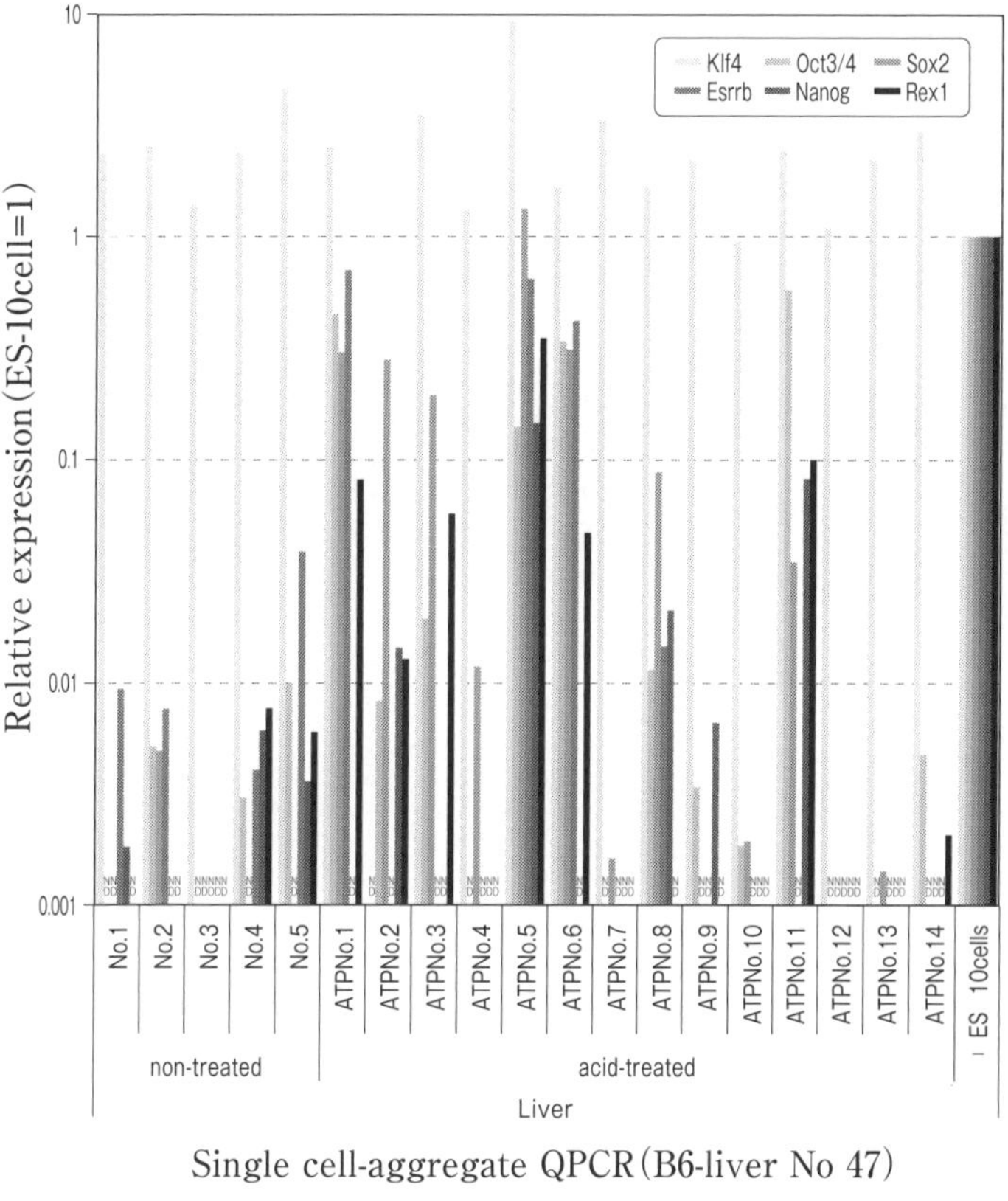


図６－１：理研のホームページにある定量ＰＣＲ法による遺伝子発現解析。ATP という酸で刺激した結果、Oct3/4、Sox2、Nanog という再生遺伝子がＥＳ細胞並に発現している。

この図は、ＡＴＰという酸で刺激することにより、「Oct4（Oct3/4）」と呼ばれる遺伝子が発現していることを示している。ＡＴＰ№１、５、６の３つの試料でそれがよくわかる。

重要なのは、「Sox2」や「Nanog」という遺伝子も発現していることだ。これらは再生細胞に重要な遺伝子だ。ＥＳ細胞では「Oct3/4」や「Nanog」という遺伝子が発現する。またｉＰＳ細胞では４つの遺伝子を発現させるが、それは「Oct3/4」「Sox2」「Klf4」「c-Myc」という４つの遺伝子だ。これらを導入し、「Nanog」の発現レベルによってｉＰＳ細胞を選別する（Nanog-iPS 細胞と呼ばれている）。したがって、この図で、「Oct3/4」や「Nanog」という２つの遺伝子が発現していることから、この細胞が強い再生細胞的な能力を持っていることがわかる。

図の一番右にはＥＳ細胞でどれだけ発現しているかのデータが比較のため表示してある。いくつかはＥＳ細胞並に遺伝子が発現しているのがはっきりわかる。

小保方晴子氏本人も『あの日』の中で、「丹羽先生のところで独立して行われた実験結果も、一定の再現性をもって多能性遺伝子の発現とOct4タンパク質の発現が観察されていた」と述べている。これはこの図のデータを示している。

細胞（図の場合は肝臓）を酸で刺激するだけで、ＥＳ細胞並に再生遺伝子が発現する。これはものすごい発見・発明だ。実験的に問題がなければ（元の肝臓に残っていた細胞である可能性はある）ノーベル賞級の発見だろう。さきほど引用した文中にある「今世紀最大の科学ストーリー」のとおりである。

この万能性の証明は先ほどのニューヨーカーの記事にもある。

我々はバカンティ教授の研究室にいって結果を見た。バカンティ教授は楽観していなかった。私が着く前、小島宏司研究員と兄弟のマーチンに緊急の電話連絡をしていた。「我々は本物であると証明しないといけないよ、さもないと本当に愚か者（stupid）に見えてしまう」

偶然にも数日前、この何ヵ月では一番いいスフェア細胞を見つけていた。**彼らはES細胞のマーカー（指標）であるOct4とNanogがポジティブであるかテストし、機械で自然発光によるものでないことを計算した。**バカンティ教授はスフェア細胞を割って、神経細胞の成長を促す媒体に入れた。新しい計画ではネスチンと呼ばれるタンパク質でこれを試した。彼は言った。「これで成長した皮膚細胞が神経幹細胞に変化することが示せるかもしれない」

〈中略〉

小さく無口な小島氏は見上げて挨拶もせずに「いい結果です」といった。**ネスチンのレベルは最後に見たときより50―60倍上がっていた。**「おー」バカンティ教授はそういって飛び上がって喝采をおくった。「でもひとつだけですよ」「いいんだ、ひとつでも私にはいい」

何ヵ月もの実験でも、多能化を示す証拠は得られなかった。しかしバカンティ教授はいつもでも悩ましい考えの上にはいなかった。「コージ（小島氏のこと）、私が何を考えているかわかるか？ Oct4もできた、Nanogもできた、ネスチンもできた。**他の実験をしよう、誰か他のひとに、この問題はまかせよう**」

（ニューヨーカーの記事『THE STRESS TEST』から引用）

実はバカンティ教授は２０１４年９月の特許に、成体ラットの脊髄損傷《せきずいそんしょう》の治療方法を書いている。ＳＴＡＰ幹細胞（筆者注：多分、ネスチンに培養してつくった細胞のこと）を移植することで脊髄ニューロンの機能が回復するらしい。右の実験結果はこのことを指している。

重要なのは、丹羽副チームリーダーとこのバカンティ教授のネスチンの実験結果が本当だとすると、申請しているＳＴＡＰ特許が認められることになる。ＥＳ細胞並に遺伝子が発現するということは、この方法で本当に多能化細胞ができる可能性があるからだ。

## STAP特許はまだ生きている

実は、理研が放棄したＳＴＡＰ特許はまだ残っている。日本でもアメリカでも、理研を中心としてハーバード大（実体はその付属病院 The Brigham And Women's Hospital, Inc.）と共同で特許申請をしていた。これを書いている２０１６年11月現在、米国でも１回拒否されながら残っている。

一連のＳＴＡＰ騒ぎのために、日本側だけが特許から発明者名を除いたが、ハーバード大学はあきらめずに、そのまま特許を残してある。それどころか成立させるのに意欲満々のようだ。私見だが、この特許は将来的にはかなりの価値がある。ハーバード大学は本気でとりにいくはずだ。

アメリカでまだ残っている特許は２つあり、１つが２０１３年４月24日出願（Generating pluripotent cells de novo：WO 2013163296 A）、もう１つが２０１５年３月19日出願（Methods relating to pluripotent cells：WO 2015143125 A1）である。

１つめの特許には Inventors: Vacanti; Charles A.; (Uxbridge, MA)；Vacanti; Martin P.; (Manhattan, KS)；Kojima; Koji; (Brookline, MA)；Obokata; Haruko; (Saitama, JP)；Wakayama; Teruhiko; (Saitama, JP)；Sasai; Yoshiki; (Saitama, JP)；Yamato; Masayuki; (Tokyo, JP) とい

う名前があったが、最初の3人以外は消えている。彼らは放棄したのだろう。

2015年11月下旬に『ネイチャー』のサイエンティフィック・レポートにiMuSCs細胞の論文が掲載された。これで、右の特許がさらに認められる可能性が高まった。なぜなら、STAP特許の中には「機械的に刺激して多能化を上げる」という項目があるからだ。

iMuSCs細胞とは、マウスの筋肉を傷つけそれを培養した細胞のことである。これをマウスの胚に注入することよりキメラマウスと呼ばれるマウスができる。STAP細胞のやり方とよく似ているので、「STAP細胞が証明された」とインターネット上を一時、賑わした。

私見だが、この論文のポイントは、「刺激による多能化の獲得」ではなくて、「傷をつけた細胞を胚にいれたらキメラマウスができた」という点だろう。論文ではinjured（傷をつけた）としか書いていないのでよくわからないが、傷をつけたあと処理して細かくしているようだ。同一ではないがSTAP細胞と似た手法だ。

このiMuSCs細胞の論文にはもう一つポイントがあって、それはiMuSCs細胞から生成したキメラマウスにトリソミーという遺伝子欠陥があることだ（5番染色体）。トリソミーはふつう遺伝子の持つ2本の染色体が3本ある。トリソミーはES細胞から生成するとよく起こる（8番染色体）ので、実はこれが、「STAP細胞はES細胞から生成した」といろんな人が騒い

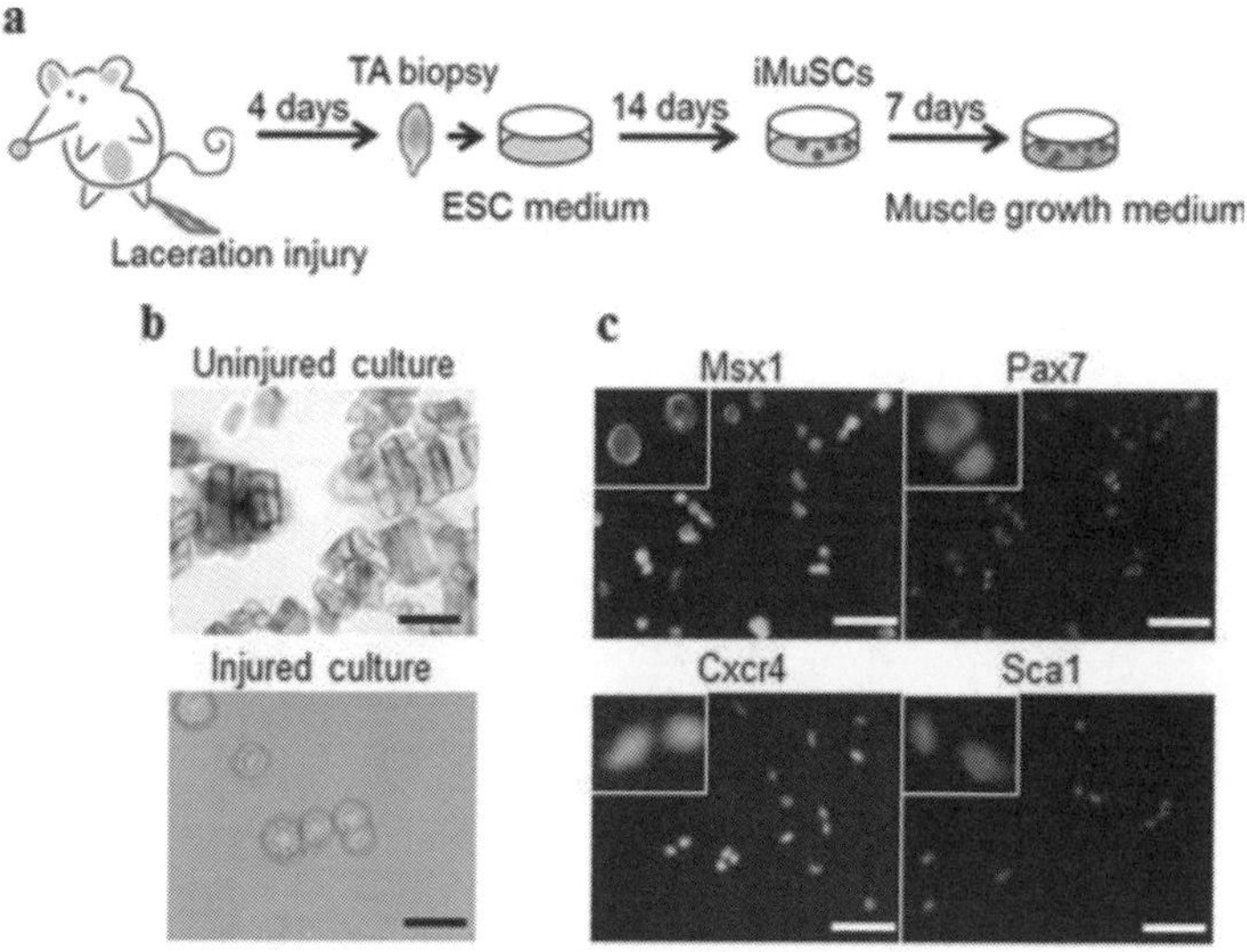


図６－２：iMuSCs 細胞論文の中の図。製法が示してある。

だ根拠になっていた。ということは、染色体の違いはあるが、このような万能細胞からキメラマウスやテラトーマをつくるとふつうにトリソミーができることになる。

## STAP細胞関連でファンドを獲得しているバカンティ教授

ハーバード大のバカンティ教授はSTAP細胞関連でファンドも獲得しているらしい。CDMRP (the Congressionally Directed Medical Research Program) というファンドである。2013年度に70万ドル獲得したらしい。これらのことは「理研STAP細胞論文調査委員会報告、改革委提言等への根本的疑問」(http://blogs.yahoo.co.jp/teabreakt2) というサイトにくわしく掲載されている。

内容は以下のとおりである。

This proposed research uses a new type of stem cell, called a stress-altered stem cell, which can be created from normal blood cells by exposing the cells to various types of stress.(著者訳：この提案された研究ではストレス誘起幹細胞と名づけた新しいタイプの幹細胞をつかう。これは通常の血液細胞を様々なストレスにさらすことでつくることができ

る。）

これはSTAP細胞のことだ。つまりアメリカではSTAP細胞の研究はそのまま進み、バカンティ教授はファンドを獲得していた。この事実は重要である。

バカンティ教授は、どうやらこのファンドを持って、サバティカルで研究を行っていたようだ。サバティカルというのは、大学の教授が、1年程度、別の大学や研究所で研究を行う制度のことである。先ほどの文に、「他の実験をしよう、誰か他のひとに、この問題はまかせよう」とあるが、「誰か他のひと」とは、バカンティ教授の滞在したこの研究所の人のことだと私は思う。ニューヨーカーの記事には軍服のような服を着ていた記述があるので米軍の研究所かもしれない。もし、何年かした後、STAP細胞が再現されるとしたら、この研究所だろう。

## 故笹井芳樹氏の見た夢

最初のニューヨーカーの記事の引用文に、故笹井芳樹氏のことばとして、「晴子が見つけた魔法のような呪文《じゅもん》で『遺伝ではない系統派生の呪い《のろ》』の謎が解けた」というのがある。

これは、どこにも書いてないが、実はこの呪い《のろ》とは獲得形質遺伝《かくとくけいしついでん》のことである。

獲得形質遺伝というのはラマルク（Jean Baptiste Pierre Antoine de Monet Lamarck　1744〜1829）という生物学者が唱えた説である。生物は、環境に応じて生きているときにその体のつくりや性質を獲得する。これを獲得形質という。これが次世代に遺伝し進化において重要な役割をするという理論をラマルクがつくった。しかし、ダーウィンの自然淘汰説やDNAの発見により、この説は打ち消された。また、ルイセンコ（Trofim Denisovich Lysenko　1898〜1976）という農業経済学者が獲得形質遺伝を支持し、実際にこの説をもとにソ連の農業計画を推進し大きな損害を出したことから、さらに評判が悪くなった。現在のところ、生きているときに獲得した遺伝情報が、そのままDNAに記録される過程はないため、獲得形質遺伝は否定されている。

しかし、生物の多彩な環境適応性を考えたら、この獲得形質遺伝は存在するとしか考えられない。このことを、「死んだはずの獲得形質遺伝説が、あたかも呪いをかけたように生物学者に取り憑《つ》いている」と笹井氏は述べたわけだ。一例を上げれば、今西錦司氏という有名な生物学者も、「今西進化論」として獲得形質と似たメカニズムを提唱している。

笹井氏は「呪いが解けた」と述べている。STAP現象によってこの問題の解が見つかったと考えていたようだ。「晴子が見つけた魔法のような呪文《じゅもん》」とまで書いているから、若い女性研究員の小保方晴子氏が、生物学の大問題を解いたことに本当にびっくりしたのだろう。

　ただ、笹井氏が、具体的にどのようなプロセスは考えていたのかは私にはわからない。
　笹井芳樹という人は、細胞生物学者として本物の天才であった。まわりの研究者の数々の証言がある。日本人だけでなく、海外の研究者にも、たぐいまれな学者として尊敬されていた。その彼が、遺伝としてのＳＴＡＰ現象についてどのようなことを考えていたのか、明らかにしないで死んでしまったことを私は本当に残念に思う。つくづく惜しい人を亡くしたと心から思う。

故笹井芳樹氏
（写真：wikipedia）

参考文献

Dana Goodyear, “THE STRESS TEST : Rivalries, intrigue, and fraud in the world of stem-cell research.”, The New Yorker, February 29, 2016

K Vojnits, HY Pan, X Mu, Y Li “Characterization of an Injury Induced Population of Muscle-Derived Stem Cell-Like Cells.”, Scientific Reports 5, 17355 (2015)

# 第7章

# AIとは何か

――経験は知恵に勝る

AI。

人工知能（Artificial Intelligence）のことである。人間と同じように思考することのできるコンピューターあるいは機械を意味する。歴史は古く、すでに1950年代後半からコンピューターに推論などを導入しようという試みが行われていた。現在では、大きく進歩したコンピューターの演算能力を利用し、人間と同じ思考力を持つまでにしようと試みられている。『人工知能は人間を超えるか』という本を参考にすると、3回のAIブームがあったことがわかる。第一次AIブームは推論・探索の時代、第二次AIブームは知識の時代、そして、第三次AIブームが機械学習と特徴表現の時代となっている。

この章では、この2012年頃からおきた第三次ブームの「機械学習と特徴表現」ということばの中身を、将棋のプログラムソフトを参考にして見ていく。これによって、この第三次ブームAIとはどんな原理に基づいているのか、それによってどんなことが可能なのかが、シロウトでもよくわかる。

文科系の方には是非、一読していただきたい。**なぜなら、一般のイメージとは違い、実は第三次ブームのAIとは人間の経験、とくにプロの経験を、いかにコンピューターに取り込むかという技術のことだからである。**

## プロ棋士と互角の戦いをする将棋プログラム『ボナンザ』

将棋のプログラムソフトは2004年ごろまでには、かなりの性能を示していた。その頃、すでに、アマチュア上級程度の実力があったと推測される。ただ、その頃のチェスのように、プロと互角に戦うということはなかった。チェスでは1997年に有名なIBMのコンピューター、ディープ・ブルーが世界チャンピオンに勝っている。

そして、2005年に突然『ボナンザ』という将棋プログラムが彗星のごとくあらわれる。プロ棋士たちが、密かに練習に用い、あまりの強さにびっくりして評判となった。そして、2006年の世界コンピュータ将棋選手権で、『ボナンザ』は初出場ながら優勝してしまった。2007年には、さらにレベルを上げ、プロ棋士の渡辺明竜王と公開対局までしている。

チェスなど比較的簡単なゲームでは、かなりの指手が計算の範囲内にあるので、計算して最善手を選べる。しかし、将棋では持ち駒を利用できるので、予測計算しなければいけない指手の数が多すぎて最善手がわからない。だから、将棋でそのような高度なプログラムがつくれること自体が画期的であった。

この、『ボナンザ』をつくったのは、天才プログラマーの保木邦仁氏である。もともとは私と同じ分野の物理化学の研究者であり、化学反応の経路探索、つまりどのように化学反応が起こるのかを量子化学計算していた。保木邦仁氏は、将棋は得意ではなく、ルールを知っている程度だったらしい。そんなシロウト将棋しかしらない保木邦仁氏が、どのような手法を導入してプロ並みの将棋ソフトをつくったのだろうか?

## 将棋プログラムの強さは「特徴ベクトル」によって決まる

『局面評価の学習を目指した探索結果の最適制御』という保木邦仁氏の論文がある。これを参考に保木邦仁氏がどのようなプログラムを開発したのかを具体的に見ていこう。

まず、将棋に限らず、チェス、オセロなどの対戦型のゲームソフトが、どんな計算をして、ゲームを進めているのかを簡単に記しておこう。

コンピューターがゲームの進行中に主に行っているのは、あるゲーム局面の評価つまり数値化である。自分が有利か不利かを数値化してあらわす。この数値を「評価関数」とか「局面評価関数」という。この文章では「局面評価関数」で統一する。コンピューターは、数手後にこの局面評価関数が大きくなるような手を選択して、ゲームを進めるわけだ。

ただ相手がいるので若干複雑である。たとえば、自分の手で局面評価関数の高い手を指しても、相手が、さらにいい手を指したら意味を持たない。したがって、相手と交互に指すゲームでは、いろいろな指手の「系統（何手か後の一連の指手）」のうち、その系統の中で一番小さい値が最大になる系統を選択する。つまり相手がベストの手を指すことを予想して、その中で一番局面評価関数が高い手を選ぶ。これをミニマックス（minimax）といい、一番いい手を選ぶことを「ミニマックスの最適化」、その局面評価関数の数値を「ミニマックス探索値」と呼ぶ。

さて、この局面評価関数の決め方にはいろいろある。たとえば、オセロという表裏が白黒の駒をひっくり返して、コマ数を争うゲームがある。このオセロでは、主に、同じ色の直線ができると高い局面評価関数が得られるようになっている。

将棋では、駒の配置と持ち駒が局面評価関数の指標となる。**この指標こそが第三次ブームAIの「機械学習と特徴表現」のうちの「特徴表現」である。つまり、表現（representative＝代表）とは、ゲーム中の優勢劣勢を決めるために、数値化して代表した様々な指標（パラメーター）に他ならない。**この指標の呼び方は、特徴表現だけでなく、評価パラメーター、特徴ベクトルなどいろいろある。ベクトルはその指標の数を次元としてあらわせる。だから、十個の指標があれば「十次元のベクトル」として数学的にあらわされるので、ベクトルと呼んでいるようだ。ここでは、保木邦仁氏の論文の用語である「特徴ベクトル」を用いるが、「特徴表現」

と同じものである。

この「特徴ベクトル」は、持ち駒の種類とか、自陣の2つの駒の配置とか、飛車や香車がどれほど動けるかなどの状況を得点としたものである。わかりやすく、例をあげておく。P181の図の右に示したのは、王と金との関係で、王が8八（上）と9九（下）にあるときの金の位置に対する得点つまり特徴ベクトルである（図7－1）。見てわかるとおり、王に近いところに金がある、つまり守りが固いほど得点が高いということがわかる。

今、図7－1で王が8八にあるときに、金が6八から7八に移動したとする。すると、得点（特徴ベクトルの数値）は-16から30に変化する。当然、他の特徴ベクトル（金と銀の関係など）の得点も変化するから、それも合算する。つまり、このような特徴ベクトルの得点図がたくさんあり、指手により変化したすべての特徴ベクトルの得点を合計して、局面評価関数とするわけだ。

保木邦仁氏の論文にはどんな種類の特徴ベクトルを局面評価関数に取り込んだが列挙してあるので、ここに書き出しておく。「駒割り」、「王、他の駒2つの位置」、「王、隣接した味方の駒、他の味方の駒3つの位置」、「隣接しあった駒2つの位置関係」、「竜馬飛角桂香の利き上にいる駒の種類」、「竜馬飛角香が動けるマスの数」、「ピンされている駒の種類、方向、王との距離」、「角と同じ色のマスにいる味方の歩の数」、「歩桂銀が前進できるか」、「竜飛香の前・後の

| | | | | | | | |
|---|---|---|---|---|---|---|---|
| 歩 | 27 | 33 | 21 | 6 | -8 | -17 | -23 … |
| 香 | 28 | 39 | 51 | 63 | | | |
| 桂 | 22 | 12 | -15 | -48 | | | |
| 銀 | 37 | 28 | -2 | -51 | | | |
| 金 | 31 | 21 | -4 | -39 | | | |
| 角 | 28 | 9 | | | | | |
| 飛 | 59 | 45 | | | | | |

持ち駒の数に対する得点
(左から1枚、2枚…)

| | | | | | | | | |
|---|---|---|---|---|---|---|---|---|
| -67 | -60 | -45 | -27 | -30 | -51 | -61 | -73 | -67 |
| -57 | -59 | -28 | -4 | 6 | -13 | -48 | -82 | -62 |
| -18 | -26 | -26 | 0 | 14 | -5 | -27 | -51 | -40 |
| -57 | -35 | -20 | 3 | -7 | -8 | -15 | -49 | -64 |
| -55 | -36 | -13 | -18 | -13 | -23 | -17 | -35 | -77 |
| -57 | -16 | -5 | -8 | -12 | -25 | -37 | -54 | -68 |
| -34 | -3 | 13 | 19 | -25 | -39 | -55 | -73 | -92 |
| -97 | 王 | 30 | -16 | -6 | -51 | -36 | -85 | -150 |
| -40 | 34 | -49 | 23 | -40 | -17 | -109 | -123 | -118 |

| | | | | | | | | |
|---|---|---|---|---|---|---|---|---|
| -69 | -45 | -17 | 8 | -13 | -38 | -70 | -79 | -75 |
| -21 | -55 | 11 | 29 | 22 | -12 | -55 | -80 | -75 |
| -12 | -29 | -8 | 28 | 37 | 0 | -36 | -56 | -65 |
| 14 | -35 | -7 | 33 | 9 | -5 | -33 | -56 | -83 |
| -81 | -49 | -9 | -11 | -14 | -25 | -39 | -56 | -101 |
| -59 | -25 | 2 | -28 | -37 | -57 | -63 | -56 | -72 |
| 14 | 36 | 17 | -19 | -49 | -74 | -80 | -108 | -75 |
| 45 | 27 | 18 | 1 | -32 | -91 | -123 | -127 | -138 |
| 王 | 40 | 31 | 0 | -14 | -56 | -139 | -133 | -116 |

王が８八（上）と９九（下）にある時の金の位置に対する得点

図７－１：棋譜から機械学習した特徴ベクトルの例。左が持ち駒の得点、右が王と金の位置関係の得点である。（出典：保木邦仁著『局面評価の学習を目指した探索結果の最適制御』）

歩」、「王の周囲25マスの利きの配置」となっている。これらを左の図のように数値化する。

当然、膨大な数の特徴ベクトルとなる。1万以上の要素を持つと書いてあるから、同じような図が、それだけあることになる。そして、実際の将棋の局面では、その局面から数手後の局面評価関数を系統図としてあらわし、その系統の中で局面評価関数が最大になる、つまりミニマックス探索値が最大になっている系統の次手を選ぶことになる。

## プロ棋士の指手をまねる

ところで、先ほどの図の得点（特徴ベクトルの値）をどうやって決めたらいいのだろうか。

保木邦仁氏は、プロ棋士の対局データ6万局をもとにこの得点を決定した。つまり、6万局の棋譜の指手を参考にして、プロ棋士が選択した指手が最良となるように特徴ベクトルの得点（先ほどの図〈王と金の関係〉の得点）を決めたのである。**このように過去のデータを自動的に処理させ、プログラムの機能を向上させる方法を「機械学習」という。これが第三次AIブームの「機械学習と特徴表現」の「機械学習」である。**

さて、実際の特徴ベクトルの得点の決め方を見ていこう。

単純に考えれば、プロ棋士の指手によって変化した特徴ベクトルの得点に+1（ある局面で一手しかない)、プロ棋士が指さなかった指手によって変化する特徴ベクトルの得点に-1(数十手以上ある)をそれぞれ加えて、すべての棋譜で黙々と計算していけばいいように思える。しかし、このやり方では、プロ棋士の対局データのすべての指手、つまり、一局100手として600万手について最適とは限らない。

そこで、まず、ある局面でのプロ棋士の指手とその他の手(プロが指さなかった指手)とのミニマックス探索値(数手後)の差を誤差関数とする。この誤差関数は、プロ棋士が選択した指手よりも高い評価の指手があった場合、その指手がいくつあるのかを意味する。たとえば、ある局面で、プロ棋士が選択した指手よりも高いミニマックス探索値を示す指手が2手あったら値は2となる。プロ棋士が選択した指手がベストなら0だ。これを右記の600万手についてすべて足して誤差関数とする。

今やりたいことは、プロ棋士が選択した指手が、他のどの指手よりもミニマックス探索値が高くなるようにすることだ。これは、この誤差関数ができるだけ小さければいい。つまり、すべての特徴ベクトルの得点をいじって変化させ、できるだけこの誤差関数を最低になるようにすればいい。すると、「プロ棋士が選択した指手が最良となる」ということは、「600万手について合計した誤差関数が最低値(停留値)をとるように特徴ベクトルの得点を決定する」という数学命題に変わる。これなら、コンピューター計算でできる。

実際には、特徴ベクトルの得点を少しずつ変化させ、誤差関数が小さくなる方向にどんどん特徴ベクトルの得点を持って行く。これを勾配法という。「最大化問題として力学系の最適制御理論を用いる」と書いてあるので、機械制御の分野ではオーソドックスなやり方らしい。その他、様々な方法を計算処理の短縮のため用いているが、ここでは割愛する。

そして、一度、この特徴ベクトルが完成してしまえば、それを合計した値である局面評価関数値をミニマックス探索して、指手が決定できる。

2012年の保木邦仁氏の文章では「プログラムの動作を決定づける1000万以上の特徴ベクトルの最適化を行っている」と書いているので、特徴ベクトルをさらに1000倍増やして精度をあげているようだ。

これらの手法が保木邦仁氏の独自性であり業績である。ボナンザ・メソッドと呼ばれて今では広く普及している。保木邦仁氏がボナンザをつくる前は、プログラマーが自分自身で特徴ベクトルの得点を入力していた。

このような機械学習による局面評価関数を導入したゲームソフトはすでに存在しており、保木邦仁氏の前にはTD-Gammon（G.Tesauro 氏がつくったバックギャモンのプログラム）、Logistello（M. Buro 氏が1997年につくったオセロのプログラム）というゲームソフトがある。しかし、将棋や碁などの複雑なゲームでは、保木邦仁氏が最初だった。保木邦仁氏がボナンザ・メソッドというかたちで、様々な手法を取り入れて実用化した。保木邦仁氏は「チェスやその変種の静的評価関数の自動学習法として〝実用に耐え、役に立つ〟初めてのものである」と書いている。

さて、このプログラムで重要なのは次の2点である。まず、**プログラム上はゲームに勝とうというプログラムソフトではないことだ。**もちろん勝利を目指してゲームを進めていく。しかし、**プログラムからみれば、実際は、プロ棋士と同じ手を指すプログラムソフトをつくったということだ。**もし初心者の棋譜のみを集めて、それにあうように特徴ベクトルをつくれば初心者のような将棋となる。今はプロ棋士の棋譜を使ったから、プロ棋士のような手を指すということに他ならない。

また、**この方法により未知の局面でもプロ棋士と同じ指手ができるようになったことが同様に重要だ。**既知の局面ならデーターベースを使えば、プロと同じ指手を使えるが、将棋のような複雑なゲームでは未知の局面が多すぎて不可能だった。将棋では10の220乗の局面があるそうだ。それが可能になった。

**これらのことは、「コンピューターソフトにプロ棋士の長年の経験とカンを導入した」ということをあらわしている。**「**経験は知恵に勝る**」ということに他ならない。

## 「特徴ベクトル」を自分で見つける最近のＡＩ

さて、ここまでの将棋ソフト・ボナンザの仕組みが理解できるとＡＩという技術そのものがわかったことになる。つまり、このソフトのプログラムの中で使われた「機械学習」＋「特徴ベクトル＝特徴表現の決定」の２つがＡＩの本質である。

つまり、ＡＩとは、膨大な数の「特徴ベクトル」を設定する。その特徴ベクトルの得点を、「教師」（将棋で言えばプロ棋士）を参考として、「機械学習」によって膨大なデータから決定する。これにより、どんな新しい場面でも、この「教師」をまねすることができる。

たとえば、病気診断のＡＩなら、発熱や腹痛などの症状とその組み合わせとに対して、どの病気の可能性が高いかを特徴ベクトルとしてあらわす。次に、数万人のカルテを利用して、診断された実際の病気がより高い評価関数を与える病気の数を誤差関数として足しあわせる。そして、特徴ベクトルをいじって、この誤差関数が最小になるように特徴ベクトルを決めるわけである。

なお、プロ棋士の指手を参考に、特徴ベクトルの得点を決定することを「教師あり学習」という。先ほど紹介した将棋ソフト・ボナンザは典型的な教師あり学習である。プロ棋士の指手が教師に相当する。また、ゲームや金融投資のトレーディングでも、教師あり学習は使われる。この場合は、ゲームであればゲーム得点、トレーディングであれば過去の相場の動きがあるので、それを参考にして最適になるように自分で学習する。

これに対して、「教師なし学習」というのもある。これは大量のデータから、規則性を見つける機械学習のことである。いわゆるビッグデータと呼ばれる大容量の情報から、統計分析により相関関係を求めたり、分類したりするのに使われる。

さて、今まで述べてきた将棋では、どの特徴表現（＝特徴ベクトル）を利用するかは、人間が決めている。たとえば、ボナンザでは保木邦仁氏が自ら選択して、王と金の相対位置などの特徴ベクトルを決定した。しかし、現在の最先端ＡＩでは、機械自らがこの特徴表現（＝特徴ベクトル）を探し当て決定していく。このことが、実は、画期的だったそうだ。以下、櫻井豊著『人工知能が金融を支配する日』（東洋経済新報社、２０１６年）から引用する。

松尾先生の説明によれば、ブレークスルーを起こしたアプローチの特徴は、機械に「特徴量」と呼ばれる機械学習にあらわれる重要な変数を「繰り返し何度も学習させる」という手法だそうです。従来の機械学習では、この特徴量を人間が設定していたのに対し、深層学習では機械自身が特徴量を深く学習していくのです。

（『人工知能が金融を支配する日』から引用）

つまり、今まで述べてきた将棋の特徴ベクトルのような特徴表現を、機械が自分自身で見つけ設定するということに他ならない。たとえば、将棋ならば、コマ間の相対位置でどれが重要かは、最初はよくわからない。それを、コンピューター自身が何度も対局を繰り返し、勝敗を重ねることで見つけていくことになる。

そして、それを可能にしたのが、深層学習（ディープラーニング）という方法である。「多段階のニューラルネットワーク」とも呼ばれる。

ニューラルネットワークというのは画像認識でよく使われる手法だ。たとえば、手書きの3という数字を考えてみる。汚い字は、この3が極端に歪んでいる。このままでは機械でも認識できない。そこで、画像素子上にその汚い3を写した後、素子に重みをかけ、まわりの素子と足しあわせ（畳《たた》み込《こ》み）て、その画像を変形していく。大量のデータから機械学習でコンピューター自身が最適な方法を見つける。そして、きれいに整形した「3」を3と認識する。このやり方は、人間の脳の神経回路の働きとよく似ているのでニューラルネットワーク＝神経回路網と呼ばれる。

深層学習（ディープラーニング）では、このニューラルネットワークを多段階にして、画像解析と同様な方法で、特徴表現が見つかるまで試行錯誤してデータを変形していく。特徴表現が見つかれば、後はそれを利用して計算できる。将棋の例で見てきたとおりである。

## 脳の機能に似ている深層学習

このやり方は、ニューラルネットワーク＝神経回路網とも呼ばれることからわかるように、脳の機能と似ている可能性がある。これが、最近ＡＩが盛んに宣伝されるようになった真の理由である。つまり、人間の脳は、「特徴表現」を大量なデータから自ら学んで、それを利用して「思考」しているのではないかということだ。

しかし、コンピューターが何をやっているのかは、具体的にはわからないらしい。つまり、この深層学習では、機械が特徴表現を見つけてくるのだが、どうやって選んだのか、また、どういう特徴表現か、よくわからない。以下に、そのことを述べている部分を２つ引用する。

そもそも、人間の脳の機能をまねたニューラルネットワークの学習効果は、膨大な数の数値（の行列）として反映されるだけであり、それを見ても具体的にどのような学習をしたかはほとんどわからないのです。

**ニューラルネットワークによる機械学習の特徴は、なぜ人工知能がそのような結果をアウトプットするのかがわかり難いということです。**〈中略〉**しかし、膨大な数の要素を持つウエイト行列を見ても、それが何を意味するのかは通常まったく想像ができないからです。**「あの人の脳みその中身を覗いてみたい」などとよく言いますが、実際に覗いたところで、それがどう機能しているかわからないと思いますが、ニューラルネットワークもまったく同様なのです。

（『人工知能が金融を支配する日』より引用）

しかし、逆にわからないことが、あたかも人間の脳の神経回路の機能と似ているのではないかと『人工知能が金融を支配する日』の筆者も期待して述べている。

今まで脳の機能というのは、未知の世界であった。主要な脳の研究は、脳の各部位がどのような働きをしているか（脳機能マッピング）とか、神経回路がどのようにして機能するかの研究であった。人間はどうやって思考しているのかという根源的な疑問、つまり脳の仕組みそのものに関する研究はほとんどなかった。
この深層学習の研究により、脳の神経回路網メカニズムの研究が進むかもしれない。また、今まではＡＩ（人工知能）と名前がついても、ただの論理演算にすぎなかった。それが、「人工知能」という名前どおりのコンピューターが初めて登場する可能性がでてきたわけである。

参考文献


松尾豊著、『人工知能は人間を超えるか　ディープラーニングの先にあるもの』、角川ＥＰＵＢ選書
斉藤　康己著、『アルファ碁はなぜ人間に勝てたのか』、ベスト新書
保木邦仁、渡辺明共著、『ボナンザvs勝負脳』、角川ｏｎｅテーマ21
保木邦仁著、『局面評価の学習を目指した探索結果の最適制御』、ゲームプログラミングワークショップ２００６論文集、78‐83
櫻井豊著、『人工知能が金融を支配する日』、東洋経済新報社

# 第8章

# なぜ日本人は論理的な文章が書けないのか？

## ――論理とはことばとことばの連結である

私は現在、大学で教養教育の改革について議論している。そのため、教育に関する文章をいろいろ読み、それをもとにディプロマ・ポリシー（学位を授与するための条件や考え方）の原案を作成している。

この大学の学生に対する約束でもあるディプロマ・ポリシーによく出てくることばに「論理的説明」「論理的文章」など、「論理的」がついたことばがある。これが大学教育の必須事項として取り上げられるのは、学生を採用する会社のほうで、これをできるように教育してほしいと考えているからだ。会社では、顧客であれ上司であれ、つねに「論理的」な説明が要求される。さらに、会社の企画書、報告書、メールなどの文書も「論理的」に書いてほしい。

特に、「論理的な文章の書き方」こそは、会社が大学生に身につけてほしいトップ事項である。

ところが大学では、この「論理的な文章の書き方」を教えていない。倉島保美氏という人が書いた『書く技術・伝える技術』という本から引用する。

> 実は、大学での指導者はもちろん、**学校教育に携《たずさ》わる指導者のほとんどは、論理的な文章を書けません。なぜなら、論理的な文章の書き方を学んだことがないからです。**本書の内容を読めばわかるように、論理的な文章を書けるようになるには、そのための教育が必

要なのです。だからこそ、欧米では1年もかけて、論理的な文章の書き方を学習するのです。学校の指導者の中で、論理的な文章を書けるのは、留学先の欧米で学習した人だけです。

（倉島保美著、『書く技術・伝える技術』より引用）

大学教授は「理論的な文章の書き方」を教えるどころか、それを書く能力もないという訴えである。そこで、「論理的な文章」とはどういうものか、そしてそれを身につけるためには、どのような工夫をすればよいのかを、この章で詳細に説明する。

既存の「ロジカル・シンキング」などの本を読んで、「この著者は何がいいたいのかさっぱりわからない、こんなことは私にはできない」と思った人は多いと思う。そういう方に読んでいただいて、「あー、そうやれば論理的な文章や論理的な説明ができるのか」と納得していただければ幸いである。

なお、論理的な説明や文章として、「事実に基づいて客観的に書かれた文章」とか「データーを駆使した説明」があげられることがある。しかし、これは実は科学的推論（scientific reasoning）と呼ばれるものであり、通常の文章などで用いる文章作成とはなんら関係ない。

## 論理的な文章とはどういうものか

まず、論理的な文章というのは、いったいどういう文章をいうのかを説明しておこう。

昔は、素朴に「順序立てて、きちんと説明しなさい」という形で「論理的な説明」が「わかりやすい説明」と認識されていた。実はこれが正しい。

ところが2000年ころから、「ロジカル・シンキング」「論理的文章の書き方」など「論理的」あるいはその英訳の「ロジカル」という表題をつけた本が、巷《ちまた》にあふれだした。これらの本では、論理的な文章というのは「なぜかという理由を極限までつきつめて考えて、それをもとに書いた文章である」とおおむね解説してある。

ところが、実は、論理的な文章はこういう「なぜか」とは関係がない。私はこのことを、西村肇氏著の『サバイバル英語のすすめ』という本で知った。以下に引用する。

私の友人の大学教授が米国滞在中に報告書のタイプを秘書に依頼したところ、高校出のその秘書から「あなたの文章はロジカルではない」と言われ、大変ショックを受けたと聞いたことがある。「彼らは高校でも論理的に表現する訓練を受けているよ」というのが帰ってからの彼の感想だったが、実際はそれほどのことはないと思う。

**彼らがロジカルというのと、日本人が論理的として考えていることには少しちがいがあるように思う。**日本では論理的というと法律家の議論のような反論を許さない緻密で完全な議論を思い浮かべる。ところが彼らはロジカルというのは議論を聞いた時におこる疑問や不審に的確に答えながら議論が進んでいるという「**議論の流れ**」**をいうのであって、議論全体として完全かどうかまでは問わない。**

〈中略〉

**私はこの時に気がついた。文の末尾がつぎの文の頭をひきだすこと、思考が切れないで流れること、これらが彼らがロジカルということではないか。**

（西村肇著、『サバイバル英語のすすめ』から引用）


すなわち文の末尾が次の文の頭をひきだすこと、これらの流れこそが「ロジカル＝論理的」であるというのが西村肇氏の結論である。つまり、**論理的な文章とは思考が切れないで流れるように読める文章のことをいう。**

人間の思考は言語をベースとしている。言語の中で、ことば同士は様々《さまざま》につながっている。強くつながるときもまったくつながらないときもある。文章を読んでいるとき、ことばとことばが思考の中でスムーズにつながると、脳に負担をかけないで理解が進む。「論理的でわかりやすい」となる。その逆で、ことばとことばがつながらないと、話についていけなくなる。人はこういうときに「論理的でない」という。つまり、「論理的である」というのは「ことばがつながる」「思考がつながる」「思考が流れる」ということでもある。

実は、ことばの持つ最も優れた働きは、「連想」すなわち、単語の連結である。だから、**「思考がつながる」「思考が流れる」ことこそが、logic＝「ことばの持つ能力」であり、「論理的な文章」というのは、ことばが持つこの能力を最大限に活用した文章である。**ヴィトゲンシュタイン（Ludwig Wittgenstein、1889〜1951）は、このようなことばのつながりにより、意味そのものが変わることを「言語ゲーム」と呼んだ。

## パラグラフ・ライティング

では、いったいどうすれば、思考が切れないで流れる論理的な文章を書けるのだろうか？

『サバイバル英語のすすめ』は英文の書き方の本であり、そこでは、文の末尾と次の文頭をつなげるために接続詞を多用することをすすめている。たしかに接続詞を入れれば、前と後ろの文が、逆接（しかし）か、順接（そして）か、または例文（たとえば）かわかるから文と文の関係がはっきりする。

英語ではそうなのだが、実は日本語では接続詞を増やせない。日本語では接続詞をあまりつかわないからである。日本語の書き言葉というものは、そもそも漢文（中国語）を発展させたものである。漢文には「ところが」とか「そこで」とか「そして」など、接続語というものがない。だから日本語の書き言葉には接続語をふんだんに入れるという習慣そのものがないし、少しでもあると、むしろわずらわしい。このことも『サバイバル英語のすすめ』には書いてある。

では日本語でどうすれば思考が切れない論理的な文章が書けるのだろうか？

そのためには、まずパラグラフ・ライティングという手法を身につけなければならない。パラグラフこそが、論理的な文章を書くための入り口である。

このパラグラフ・ライティングを習得するには、木下是雄著『理科系の作文技術』という本を読むのが一番いい。私は、新社会人として新人研修を受けたときに、この本を紹介された。そのとき、「なんだ、文章はこうやって書けばいいのか」と、学生時代には何も習っていないことに気がついて愕然《がくぜん》とした覚えがある。30年以上前に発売された本であるが、いまだによく売れている。「理科系の」と書いてあるが、文科系、あるいはふつうの会社員の方が買って読んでもためになる本である。

ここではこの『理科系の作文技術』のエッセンスを簡単に抜き出してパラグラフ、パラグラフ・ライティングとは何かを見てみよう。

まずパラグラフは日本語では「段落」と訳されているが、段落とはちがうものである。段落は長すぎたときに、1つの区切りをつけるために用いるものであり、そこには特に規則はない。書き手が長いと感じたときに切って、1つの段落にすればいい。

それに対してパラグラフは全体としてある1つのことについてのみ述べるものである。つまり1つのパラグラフには1つの話題しか書かない。この話題のことをトピックという。後で「国宝松本城」に関する例文をあげるが、松本城を書くのなら松本城のことだけを書く。

そしてパラグラフには、何について何を書くのかを要約的に述べた文、すなわち上記のトピック＝話題を要約した文が最低1つ含まれるのが普通である。このトピック＝話題を書いた1

図8－1：『理科系の作文技術』の表紙。すでに発売して30年近く経っているが、今でも大学生協で一番売れている本である。

つの文をトピックセンテンスという。

そして、このトピックセンテンスをパラグラフのなるべく前のほうに書く。最初に書くのが一番いい。ただ直前のパラグラフとのつなぎの文がある場合は導入部があり、2番目以降になる。そして、そのトピックに関する詳細、そのトピックの関連事項などを発展させ、つらつらと後ろに書いていく。

以上がパラグラフ・ライティングである。英語のライティングを勉強した方は、すでに聞いた話だろう。

そして、**パラグラフのそれぞれを、うまくつなぎあわせるのである。これによって、先ほどの「思考が切れないで流れること」、すなわち論理的な文章を実現することができる。**黒木登志夫著、『知的文章とプレゼンテーション』から、これについて詳細に説明した文章を引用する。

なぜパラグラフが重要なのか？　それは、パラグラフが「論理単位」だからである。1つのパラグラフには、1つの論理テーマが入る。パラグラフという論理の単位がつながって、全体としての論理が展開するからである。したがって、複数のテーマが1つのパラグラフに入ると、論理単位としての意味がなくなり、単なる「段落」になってしまう。逆に、1つの論理単位が、複数のパラグラフに分かれると、論理そのものが崩壊してしまう。

**パラグラフは、論理の流れを作り、ときには、その流れを変える。論理を飛躍させるとき、話題を変えるときには、新たなパラグラフにする。原稿を読み直して、論理の流れがスムースでないと感じたら、パラグラフを入れ替える、あるいは追加したり、除いたりして、論理が素直に流れるように直す。**

パラグラフの最初に、テーマを示す「トピック・センテンス」があると理解が早まるであろう。パラグラフを理解しやすくするもう一つの方法は、「したがって」、「これに反して」などの接続詞でパラグラフの最初の文章を始めることである。このような接続詞があると、パラグラフ間の論理的なつながりが明瞭になる。

〈中略〉

われわれは、文章を読むときに、無意識のうちに、パラグラフ単位で読んでいるはずだ。ちょっと見て、重要でないパラグラフだと思ったら、飛ばしている。**パラグラフ単位で理解し、パラグラフの流れで論理を把握している。パラグラフがいい加減な文章は、理解しにくく、読みにくい。論理的な文章の基本はパラグラフにあることは、いくら強調しても強調しすぎることはない。**

（黒木登志夫著、『知的文章とプレゼンテーション』、中公新書より引用）

ここからパラグラフごとに文章を書き、それを並べ替えることで「論理的な文章」が書けることがわかる。つまり、前のパラグラフときちんと結びつくようにすべてのパラグラフを並べ換え、思考が切れない流れる文章をつくるわけである。

## 実際の文章例

実際の文章例をあげる。これは私の先生である副島隆彦氏が書いた文章である。明治維新の頃の庶民の状況が目に浮かぶように描写してある。

**私は、この一冊の本**（**筆者注：ヴィクター・ソーン著『次の超大国は中国だとロックフェラーが決めた』のこと**）**の中身にびっくりした。**天啓のようなものを感じた。はじめは、いやだなあ、こんな本を無理やり読まされて、それで、解説文を監修者として書かされるのか、と一ヶ月前に引き受けた時は、いやだった。そうやって、2週間ぐらいほったらかしていたが、この12月24日に、この本の中身に吸い込まれるように捕らわれていた。「ああ、もしかしたら、この本は、国宝松本城かもしれない」と思った。

**なぜ、「国宝松本城」などという言葉が、私の頭に浮かんだかと言うと、明治維新**（**民衆**

は、「ご一新」と呼んだ）になったあと、50年間も松本城は、放置されて、荒れ果てたままだった。誰も見向きもしなかった。城主の一族は華族様になって東京で暮らして、こんな前世紀の遺物をお荷物に感じて、ほったらかした。民衆も、文明開化で、舶来品や、ハイカラな洋館づくりの紡績工場とかに憧れたから、徳川時代のお城などという、農民を年貢の取り立てで苦しめた象徴のお城など、見向きもしなくなった。朝な夕なの景色の中にあっても、誰も相手にしなかった。その時、大正時代になって、「このお城は、郷土の宝物だ。城を保存しなくては」と気づいた素封家《そほうか》たちが出現して、それで、松本城は、雨ざらしで傾いて今にも崩れ落ちそうだったのを、お金を出し合って、しっかり修理して保存した。

最初のパラグラフでは「私は、この一冊の本の中身にびっくりした」がトピックセンテンス、2番目では「なぜ、『国宝松本城』などという言葉が……荒れ果てたままだった」がトピックセンテンスとなる。これらを受け、最初のパラグラフではびっくりした様子が、2番目では明治維新の頃の松本城が丁寧に説明されている。

重要なのは、最初のパラグラフの一番後ろでいきなり国宝松本城という言葉を出し、読み手に「なぜ国宝松本城？」と思わせているところである。そして、それを受けて、次のパラグラフの最初の文で「なぜ、『国宝松本城』などという言葉が、私の頭に浮かんだかと言うと」と述べている。**2つのパラグラフをうまくつないでいるわけである。このつなぎが「思考が切れないで流れる」ということである。**

パラグラフ同士のつなぎ方には、いろいろなやり方があるが、ここではいくつか例にあげてみよう。

(1)パラグラフの最後にキーワード（引用文では「国宝松本城」）を出し、そのことばを次のパラグラフの冒頭にだす。
(2)前のパラグラフの最後に当然でるだろう読み手の疑問をのべ、その理由を次のパラグラフで「そこで」とか「実は」とはじめる。
(3)前のパラグラフで一般論を述べ、次のパラグラフで「例えば」とつなぐ。

(2)と(3)が英語でよく行われる接続詞を使ったつなぎ方である。日本語でもパラグラフの冒頭ならば、接続詞をいれてもおかしくない。

以下いくらでも考えられるが、このような例をふまえ、パラグラフ同士をつなぐ意識をもつことで読みやすい文章になる。

これを読んでいる方で、もしパラグラフという概念を使っていない方がいたら、まず自分の書く社内文書、レポートをパラグラフ・ライティングに書き換えてみることをお勧めする。そうすれば文章がよくなるか、というと、そうでもなくて、実は味も素っ気もない単調な文章になる。しかし、その分、その文章を読む人には読みやすいはずである。

## 文章に必要な要素① flow（流れ）

さて、ここまでが理科系では標準となっている文章の書き方である。しかし、『理科系の作文技術』という本もそうだが、もはや30年以上経っており、古くさい方法になっている。そこで、英語ライティングのテクニックを、日本語でも使えるように導入してみよう。参考にしたのはアメリカの大学院生によく売れている“Style: Toward clarity and grace”（J. M. Williams 著）という本である。和訳本はない。旧版と新版で内容に違いがあるので、ここではそれを混ぜた形で紹介する。

この本の中で取り上げている重要な点は、パラグラフとパラグラフだけでなく、文と文も、「つながるように」書かれなければならないということである。

**これを代表することばとして、flow（流れ）がある。flow（流れ）は、文章を読んでいると**

**きに、前後がうまくつながるため、文字通り、すらすらと「流れるように」読めることをあらわす。**前に、西村肇教授が、「文の末尾がつぎの文の頭をひきだすこと、思考が切れないで流れること」と書いていたが、まさにこれがflow（流れ）である。

まず、“Style: Toward clarity and grace”という本から、flow（流れ）に必要となる2つのテクニックを見てみよう。

**文と文をつなげる一番簡単な方法は、文の前に既出の単語を入れ、その文の後ろに新しい単語（情報）を持ってくる方法である。**先ほど書いたパラグラフに関する文をもう1回読んでみ

図8－2：Joseph M. Williams著『Style:Toward Clarity and Grace (Chicago Guides to Writing, Editing & Publishing)』、ネットでPDF版が手に入る。
http://www.unalmed.edu.co/~poboyca/documentos/Doc.%20Seminario%20I/style.pdf
今では新しいバージョンがでている。アメリカの大学生・大学院生に絶大な人気がある。

よう。

そしてパラグラフには、そこで何について何をいおうとするかを概念的に述べた文、すなわち上記のトピックを要約した文が最低1つ含まれるのが普通である。そして、このトピックを書いた1つの文をトピックセンテンスという。そして、そのトピックセンテンスをパラグラフのなるべく前のほうに書く。

このように文中では必ず、古い情報＝既出の単語を前に、新しい情報＝新しい単語を後ろに書く。たとえば、右の文章ではトピック、トピックセンテンスという新しい単語がでてくるが、これらは文の最後にある。一度書けば、それは既出となるから、次の冒頭にはこれらの単語を書く。特に、新出の専門用語（テクニカルターム）は、必ず、文の最後に置くことが非常に重要である。

このように前の単語を受け、その単語を次の文に入れると、思考を切らさないで読むことができる。また、何かを説明するときは、次々と出てくる新しい単語を文の最後と次の文の最初に入れるとわかりやすい。

ちなみに翻訳本はどうしても読みにくくなるが、その1つの原因として新情報が文頭にくるという問題がある。英語で文の最後に新しい単語や情報が書いてあっても翻訳するとひっくり返り、訳文では新しい単語や情報が文の前のほうにきてしまうことがある。すると、そこで思考が切れて読みにくくなってしまう。

さて、**もう1つの flow（流れ）のやり方は、トピック＝話題を、違う文の中で何度も用いることである。**たとえば、トピック＝話題が城であれば、どの文にも城に関する単語を入れれば、それでつながって読める。

**このように同じトピック＝話題のことばをすべての文に入れることを「topic string ＝トピックの糸」という。**これによりパラグラフの中の文がすべてつながって流れるように読める。さきほどの文章をもう一度引用しよう。

明治維新になったあと、50年間も**松本城**は、放置されて、荒れ果てたままだった。誰も見向きもしなかった。**城**主の一族は華族様になって東京で暮らして、こんな前世紀の遺物をお荷物に感じて、ほったらかした。民衆も、文明開化で、舶来品や、ハイカラな洋館づくりの紡績工場とかに憧れたから、徳川時代の**お城**などという、農民を年貢の取り立てで苦しめた象徴の**お城**など、見向きもしなくなった。朝な夕なの景色の中にあっても、誰も相手にしなかった。その時、大正時代になって、「この**お城**は、郷土の宝物だ。**城**を保存しなくては」と気づいた素封家《そほうか》たちが出現して、それで、**松本城**は、雨ざらしで傾いて今にも崩れ落ちそうだったのを、お金を出し合って、しっかり修理して保存した。

このようにすると、読み手は「松本城」「城」という、ここでトピック＝話題になっている単語に集中することにより、思考をとばすことなく読むことができる。

さらに、理科系文科系を問わず、専門書に近い文章では、トピック＝話題に同じ単語を用いることもできる。先ほどの「お城」を「松本城」に書き換えて、もう一度読んでみよう。

明治維新になったあと、50年間も松本城は、放置されて、荒れ果てたままだった。誰も見向きもしなかった。松本城主の一族は、華族様になって東京で暮らして、こんな前世紀の遺物であるこの松本城をお荷物に感じて、ほったらかしにした。民衆も、文明開化で、舶来品や、ハイカラな洋館づくりの紡績工場とかに憧れたから、徳川時代に農民を年貢の取り立てで苦しめた象徴の松本城など、見向きもしなくなった。朝夕の景色の中に松本城があっても、誰も相手にしなかった。その時、大正時代になって、「この松本城は、郷土の宝物だ。保存しなくては」と気づいた素封家たちが出現した。それで、雨ざらしで傾いて今にも崩れ落ちそうだった松本城を、お金を出し合って、しっかり修理して保存した。

このようにすると、読み手は具体的に「松本城」をイメージしながら、文と文を続けて読むことができる。一般的には同じ単語がでてくることは、繰り返しになるので嫌われているし、学校の作文の授業では単語を変えるように指導されている。しかし、“Style”という本では繰り返しになってもいいから、同じ単語をつかうことを推奨《すいしょう》している。そうすることで、読み手に誤解や変な負担を強いることがなくなるからである。

ただ、**英語と違い、日本語の場合は漢字がつかえる。これを生かさない手はない。だから、最初に示した「城」が入った例文のように、違う単語でも同じ漢字が入るようにして、つながるようにすることができる。**これが日本語の利点である。

**また、トピックの単語の位置も、文の中で置くべき場所が推奨されており、できるだけ前のほうにおく。**右の文でも「松本城主の一族は……ほったらかした」「徳川時代には松本城などという……見向きもしなくなった」「『この松本城は……』と気づいた素封家《そほうか》たちが出現して」「それで、松本城は……修理して保存した」というふうに、すべて、松本城ということばが前に入っている。トピックは、通常、既出の情報だから前におくのが基本である。

ただし、ややこしいのであるが、**トピックセンテンスでは、逆に、このトピックの単語を文の後ろに入れる。**たとえば、松本城の文章では、「明治維新になったあと、50年間も**松本城**は、放置されて、荒れ果てたままだった」がトピックセンテンスになるが、トピックである松本城ということばが文の後ろのほうに置いてある。人間心理として、「導入部の最後にあることばが一番重要である」と認識するためらしい。

## テーマの糸

このように、遠く離れた文と文を単語でつなぐことをCoherence（＝内容干渉性）という。Coherenceとは物理用語で、波が干渉できる能力をあらわす。文章でも、ある文が他の文に「干渉」しているわけだ。しかし、今のところ、Coherenceは「×一貫性」と訳されて、矛盾したことを書いていない文章というふうに解釈されている。日本語では「文と文を単語でつなぐ＝Coherence」という文章作法は、まだ導入されていない。

このCoherence（内容干渉性）を、さらに文章に取り入れる方法をみてみよう。テーマやトピックに関連した単語を、各文に入れてやるテクニックである。こうすることで各文がつながる。

例文として、第2章の文を簡略化したものをあげる。

星占いにはいろいろな種類がある。一番ポピュラーなやり方は、自分の誕生日がどの星座に属するかで運勢を決める方法である。たとえば、3月21日から4月19日が誕生日の人は〝おひつじ座〟になる。その他、誕生日により、ふたご座、おひつじ座など12の星座に分類される。どの星座に属するかで、その人の運勢が決まる。

この誕生日と星座の関係がどうやって決められているのかは、あまり知られていない。実は、太陽の天球上の位置を星座で表したものである。太陽が出ている時、明るすぎて見えないが、太陽の後ろにも星座がある。太陽は1年をかけて、12の星座の上を移動して、天球上を1周する。誕生日に太陽がどの星座の上に位置したかで、誕生日の星座が決められている。

ただし、現在では、誕生日でも、太陽はその人の星座の位置にはない。ほぼ1ヵ月分、つまり一星座分、ずれている。

四角で囲った単語が、意味上つながっているのがわかる。つまり、「星占い」をトピックとして、「星占い」「誕生日」「星座」などの星占いの単語を、文中に次々に入れてやると、このパラグラフ内の文同士につながりがあり、文と文が関連してみえる。**これを thematic string（テーマの糸）という。**

さきほどの松本城の文章でも明治維新、華族、ハイカラ、文明開化、徳川時代、大正時代、素封家など、１００年前の日本の状況にかんすることばを並べ立てて、松本城が１００年前どうであったかをくっきりと浮かび上がらせている。

この thematic string（テーマの糸）というのは、パラグラフとパラグラフをつなぐときでも使える。前の例文で言えば、「星占い」というテーマで、パラグラフとパラグラフがつながっているのがわかるだろう。

## 文章に必要な要素② clarity（明快さ）

以上、パラグラフとパラグラフ、文と文が、「流れるように」「つながるように」書かれなければならないということがわかったと思う。

**さらに重要なことは、文章全体が何を主張しているかが容易に理解できなければいけないということである。**つまり、つながっているだけではなく、その「流れ」をたどっていくと、自然に結論に導かれ、何を著者が主張しているのかが、読み手にはっきりとわかるように書かれていないといけない。**この何を主張しているかが容易に理解できることをclarity（明快さ）という。**

これを行う具体的なテクニックとして、global coherence（全体的な干渉性）というものがある。先ほどのcoherence（内容干渉性）をさらに文章全体に適用する方法である。**つまり前後だけでなく、遠く離れた文やパラグラフもつながっていないといけない**のである。だから、前に取り上げた「議論の流れ」そのものが、このglobal coherence（全体的な干渉性）でもある。

実際には、最初に述べたパラグラフ・ライティングとその並べ換えを行えば十分である。それがしっかりしていれば、それで主張が明快になる。

"Style"という本の中で推奨しているのは、文章全体でも、章でも、パラグラフでも、つねに導入部分（＝イントロダクション）をもうけることである。その文章で重要なポイントとなる文を考え、それらを導入部分の最後に入れる。そして、その後ろの展開部では、この重要なポイントに関連させて書く。すると、すべてがつながっているように印象づけることができ、統一感ができ、主張が明快になる。

実際には、重要なポイントをもとに、そのポイントのキーワードが入った目次をつくり、それによりパラグラフを書いていくのがいいだろう。

## プレゼンテーション(パワーポイント)への応用

以上が「思考が切れないで流れる」ように書くためのテクニックである。

さて、現代では説明するときに、パワーポイントというソフトをつかったプレゼンテーションがよく行われる。実は、パワーポイントによるプレゼンテーションも、ここまでの文章作成法と同じやり方でできる。というよりも、プレゼンテーションそのものが、パラグラフ・ライティングをベースとしてつくられた技法のようだ。

つまり、1枚のスライドを1つのパラグラフとして取り扱う。当然、1枚のスライドでは、1つのトピックだけを説明する。そして、そのトピックセンテンスをタイトルとして上部に記入する。ただし、タイトルは、文章におけるトピックセンテンスよりもかなり短いので、ポイント＝キーワードだけ書く。

そして、**最も重要なのは、各スライド間で、「議論の流れが見えなければいけない」ということである。**まさに、文章と同じで、「各スライドは前後でつながらなくてはいけない」「前のスライドの末尾が次のスライドの頭をひきだすようにしなければいけない」「各スライドを見せているときは、それが全体の主張とどのようなつながりがあるか、わかるようにしなければいけない」のである。

これを踏まえて全体を構成して説明していけば、わかりやすいプレゼンテーションになる。**これこそがまさに冒頭で述べた「論理的な説明」に他ならない。**

## 現代日本語は英語の文章作法を基礎としている

さて、以上見てきたように「論理的な日本語の文章を書け」というのは「英語のような文章を日本語で書け」ということに他ならない。日本語と英語は違うと反発を感じる人も多いだろう。

しかしながら、実は明治以降の現代日本語そのものが、英語あるいは外国語をもとにしているのである。岡田英弘氏の『日本史の誕生』から引用する。

井上ひさし作のテレビ・ドラマ「国語元年」は明治の初期にも同じ問題が起こったことを示しています。江戸時代の社会・文化に普遍的だった事物は、当時の日本語で十分表現できたのですが、文明開化の世になって新たに現れてきた事物や、それに対応する感情を表現することは、江戸時代の日本語ではもはやできない。**そこで明治の人は、まず英語そ**

**の他のヨーロッパ語で考えて、ヨーロッパの文章を一語々々日本語でおき換える作業をして、人工的な文体と語彙を作り出した。**

そういう新しい日本語の開発の先兵だったのは、明治の文学者でした。**森鷗外にしても、尾崎紅葉にしても、夏目漱石にしても、彼らの作品があれだけ一世を風靡《ふうび》し、誰も彼も読んだ理由は、あれが新しい日本語の使い方を教えるものだったからです。**読者はああいう物の言い方を吸収して、やっと新時代に対応する物事が言えるようになった。それでも、ヨーロッパ語が日本語の原型であるという意識は、第二次世界大戦後にも「原語」とか「原書」という言葉になって残っています。日本語は英語の基礎の上にのっている言語だという意識は、現在ではさらに強くなっているかもしれません。

我々は中学や高校で、現代の書き言葉は、話し言葉をもとにした言文一致体であると習ってきた。この明治の言語の改良運動が、実は英語を基礎とした日本語の改造であったというのが右の引用文の重要なところである。

夏目漱石も森鷗外も、高い漢文の素養があり、その上で海外留学を経験している。したがって、漢文を下地に、留学で覚えた英語やドイツ語の体系にそれを組み込んで、新しい文体をつくっていったということになる。

今も、日本語が英語を取りこんで、どんどん英語の構造に近づいている。つまり、英語が「パラグラフ・ライティング」という形で、どんどん日本語に入ってきているということに他ならない。

これが、「論理的に日本語を書く」という本当の正体だと私は思う。

参考文献


倉島保美著、『書く技術・伝える技術』、あさ出版
西村肇著、『サバイバル英語のすすめ』、ちくま新書
黒木登志夫著、『知的文章とプレゼンテーション』、中公新書
J. M. Williams 著、『Style: Toward clarity and grace』、The University of Chicago Press
木下是雄著、『理科系の作文技術』、中公新書
岡田英弘著、『日本史の誕生』、弓立社

［略歴］

下條竜夫（げじょう・たつお）

理学博士。専門は原子分子物理、物理化学。
1964年、東京生まれ。1988年、早稲田大学理工学部応用物理学科卒業。1989年、東京工業大学大学院総合理工学研究科修士課程修了。チューリッヒ大学物理化学研究所、分子科学研究所を経て、2003年4月、兵庫県立姫路工業大学助教授（現在兵庫県立大准教授）に就任。著書に『物理学者が解き明かす重大事件の真相』（ビジネス社）。

物理学者が解き明かす思考の整理法

2017年2月19日　　　　第1刷発行

著　者　下條竜夫
発行者　唐津 隆
発行所　株式会社ビジネス社
〒162-0805　東京都新宿区矢来町114番地 神楽坂高橋ビル5F
電話　03(5227)1602　FAX　03(5227)1603
http://www.business-sha.co.jp

〈カバーデザイン〉尾形忍　〈本文組版〉沖浦康彦
〈印刷・製本〉中央精版印刷株式会社
〈編集担当〉岩谷健一　〈営業担当〉山口健志


ISBN978-4-8284-1938-1

ビジネス社の本

# 数学嫌いの人のための すべてを可能にする数学脳のつくり方

苦米地英人……著

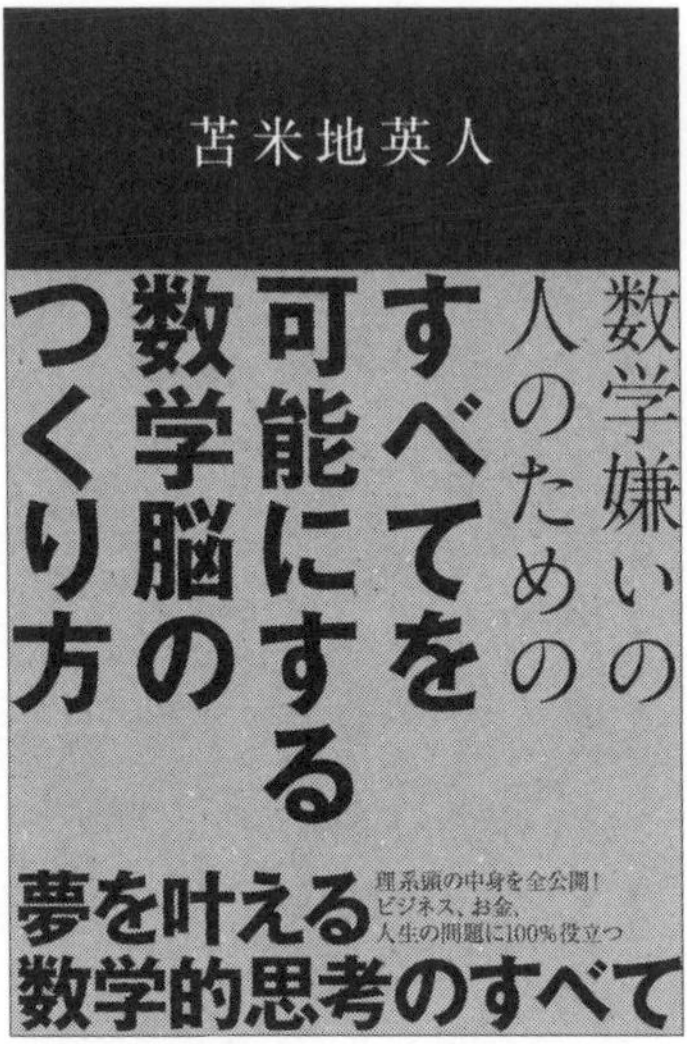


定価　本体1500円+税
ISBN978-4-8284-1878-0

**理系頭の中身を全公開!**

ビジネス、お金、人生の問題に100%役立つ
[夢を叶える数学的思考のすべて]
数学とは問題を見つけ出すものである。誰も気が付かない問題を見つけ出して、一瞬のうちに解く——これはビジネスでも同じで、結果が見えていることこそが数学的な思考なのだ。

本書の内容